CB042899

A Maçã

Aline Haluch

A Maçá

O design gráfico, as mudanças de comportamento e a representação feminina no início do século XX

Editora Senac Rio de Janeiro
Rio de Janeiro – 2016

**SISTEMA FECOMÉRCIO RJ
SENAC RJ**

Presidente do Conselho Regional do Senac RJ
Orlando Santos Diniz

Diretor de Negócios do Senac RJ
Marcelo Jose Salles de Almeida

Editora Senac Rio de Janeiro
Rua Pompeu Loureiro, 45/11º andar
Copacabana – Rio de Janeiro
CEP: 22061-000 – RJ
comercial.editora@rj.senac.br
editora@rj.senac.br
www.rj.senac.br/editora

Editora
Karine Fajardo

Produção editorial
Cláudia Amorim
Jacqueline Gutierrez
Thaís Pol

Projeto gráfico e editoração eletrônica
Studio Creamcrackers Design

Pesquisa iconográfica
Priscila Serejo

Copidesque
Sabrina Primo

Revisão
Gypsi Canetti

Impressão: Imos Gráfica e Editora Ltda.

1ª edição: março de 2016

CIP-BRASIL. CATALOGAÇÃO NA PUBLICAÇÃO
SINDICATO NACIONAL DOS EDITORES DE LIVROS, RJ
H184m
    Haluch, Aline
    A Maçã: o design gráfico, as mudanças de comportamento e a representação feminina no início do século XX / Aline Haluch. – 1. ed. – Rio de Janeiro: Ed. Senac Rio de Janeiro, 2016.
        184 p.; 23 cm.
        Inclui apêndice
        Inclui bibliografia
        ISBN 978-85-7756-232-9

        1. A Maçã (Revista). 2. Feminilidade. 3. Mulheres nos anúncios. I. Título.
15-25425
CDD: 155.633   CDU: 159.922.1-055.2

Dedico este livro à memória de minha mãe, Elza Arins Haluch, que nunca impôs limites aos meus sonhos.

Dedico também à de José Ferreira Soares, que contribuiu com amor e livros valiosos para minha pesquisa.

Sumário

Ivan

PREFÁCIO

Caso seu bisavô, quando jovem, fosse flagrado lendo a revista que é o assunto deste livro, isso certamente seria motivo para lamúrias da mãe e reprimendas do pai. *A Maçã* ocupa um lugar muito peculiar na história editorial brasileira. É uma revista erótica? Uma revista de humor? Uma revista literária? A resposta é sim, sim e sim. Aliando altíssimo padrão de qualidade gráfica a texto refinado, essa publicação conquistou espaço sem precedente perante o público leitor dos anos 1920. Talvez tenha sido a primeira revista "galante" – como eram chamadas as publicações de exclusivo apelo masculino a conquistar grande público, embora muitos a lessem às escondidas. Por trás de sua fórmula exclusiva e originalíssima estava a mente fervilhante de Humberto de Campos, poeta e escritor de imensa popularidade no início do século XX, eleito para a Academia Brasileira de Letras aos 33 anos e deputado federal pelo Maranhão durante uma década. Figura ímpar, que transitava entre a alta roda e o baixo calão.

O livro de Aline Haluch vem resgatar do esquecimento imerecido uma das obras mais fascinantes idealizadas por esse pioneiro das comunicações, ao lançar sobre *A Maçã* um olhar novo, voltado para sua construção visual. Graças à pesquisa da autora, descobrimos que a revista teve não apenas um mas dois projetos gráficos durante sua existência, criados por artistas de extraordinário talento: Ivan, autor pouco conhecido e responsável pela primeira configuração da revista, e o grande Andrés Guevara, que deu início em *A Maçã* à eminente carreira de designer gráfico que o levaria, nas décadas seguintes, a ilustrar e repaginar jornais como *A Manhã* e *Crítica*, de Mário Rodrigues, e *Última Hora*, de Samuel Wainer, além do argentino *Clarín*. O livro em suas mãos devolve ao nosso olhar um verdadeiro tesouro das artes gráficas no Brasil. Sem mais delongas, senhores e (pela primeira vez) senhoras: *A Maçã*, em todo seu esplendor, fruto não mais proibido, mas pronto para ser comido com os olhos.

Rafael Cardoso
Escritor e historiador da arte

—[Que coisa feia, Taréco! Porque você não raspa o bigode?

A·MAÇÃ

Director : CONSELHEIRO X. X.

OS CONTOS DO CONSELHEIRO

A' SOMBRA DA MACIEIRA

A manhã, não obstante a chuva torrencial que desabara durante a noite, e que roncara, sinistra e gorgolejante, por todos os desvãos da quinta amedrontada, estava deliciosa. Lavado e verde, o parque assemelhava-se a uma esmeralda enorme, que o sol fazia faiscar. Contentes, ruidosos, passarinhos voavam de fronde em fronde, gritando, pipilando, espanejando-se, completando com os pipilos, com os gorjeios, com os gritos festivamente assustados, a alegria tumultuosa das cousas.

Animado pela felicidade que ia lá fora, o velho capitalista, que olhava a manhã resplandecente, estendido na sua "chaise-longue" aberta no alpendre da chacara, começou a meditar, embalado por uma suave musica interior, na excellencia maravilhosa da vida. O mundo era, realmente, delicioso. A luz, o vinho, as mulheres, os theatros, as bôas eguarias, constituiam, positivamente, um condimento incomparavel, no preparo deste prato saboroso, que uns comem em vinte annos, antes de ser posto á mesa, e outros em setenta, depois de frio e disputado pelas formigas. E como se sentisse feliz no tumulto macio dos seus pensamentos amaveis, chamou, alto, para dentro:

— Pedro?

Appareceu á porta, mastigando um biscouto, remanescente do saboroso café da família, um rapazola de desoito annos, calça de flanela clara, camisa e sapato de "tennys", reçumando saude por todos os póros.

— Vamos dar um passeio pelo parque? — convidou o ancião.

Momentos depois, amparado, de um lado, ao braço do filho, e de outro, ao bengalão de castão de ouro que sempre lhe acompanhava as excursões de sexagenario, descia o commendador Vidigal a escada que dava para o Jardim, mergulhando, com o filho, naquelle maravilhoso oceano de verdura.

E andaram. De vez em quando, paravam ao lado de um repuxo, á margem de um corrego enfeitado de leve pela renda fugitiva das espumas, á sombra de uma arvore de larga fronde, fervilhante de pomos ou de passaros irrequietos, até que estacaram sob uma grande macieira, cujos galhos pendiam no alto, carregados de fructos.

— Que belleza! — exclamou o velho, erguendo os olhos empapuçados, a banhar, com o crepusculo delles, o arvoredo todo.

— Vou apanha umas! — disse o rapaz, abandonando o braço paterno, e atirando-se, tronco acima, em busca dos fructos, que pendiam, no alto, como bolas de ouro, ou de prata, convidativas.

Em cima, fartava-se o moço de maçãs, cortando-lhes a casca rubicunda ou dourada com a navalha dos dentes fortes e jovens, quando, vendo a inveja com que o velho o olhava do chão, convidou, jovial:

— Suba, papae!

O ancião sorriu, triste, como quem ouve, naquelle desafio, uma sentença. Passado um instante, abanou a cabeça, desolado:

— Quem me dera, Pedro!

E baixando o rosto, para esconder uma lágrima:

— Na minha idade, meu filho...

E concluindo, a meia voz:

— Não se trepa mais...

X.X.

Ivan

INTRODUÇÃO

Aquele ano começava com algumas surpresas: o início do mestrado em Design na Pontifícia Universidade Católica do Rio de Janeiro (PUC-Rio), onde conheci meu orientador, o historiador da arte Rafael Cardoso, e, por seu intermédio, a revista ilustrada *A Maçã*. Em razão disso, entrei em contato com outras personalidades interessantes, que, assim como Rafael, mudaram meu modo de ver a literatura e o design: o escritor Humberto de Campos e o Conselheiro X.X. (xis, xis).

Minha tese para o mestrado defendia a existência da prática profissional do design antes de seu ensino sistematizado no Brasil — o que ocorre por volta da década de 1960 —, e eu precisava de um "objeto de estudo" que se prestasse ao que eu afirmava. Rafael me apresentou *A Maçã* na biblioteca da Academia Brasileira de Letras. Lá, Luiz Antônio de Souza, pessoa de muito entusiasmo e generosidade, abriu as portas do ambiente sem restrições para que eu passasse tardes inteiras em meio a grandes descobertas.

A princípio, a pesquisa buscou mostrar esse lado desconhecido do design brasileiro, mas, à medida que avançava, revelou bem mais que esperávamos. O design, atividade profissional que projeta peças visuais com base em conceitos e ideias, era trabalhado de modo incomum em *A Maçã*. Observamos, na década de 1920, uma deliciosa associação entre linguagem visual e escrita, entre forma e conteúdo, e também a construção de estilos gráficos associados à moda e à arquitetura da época, especificamente no Rio de Janeiro.

Além disso, a representação dos personagens presentes em *A Maçã* faz um registro da sociedade mundana carioca da época que nos diz muito sobre o cotidiano das pessoas comuns e de algumas figuras notórias. Esses detalhes foram relacionados aos movimentos intelectuais e sociais que ecoavam no início do século XX no Brasil, especialmente no Rio de Janeiro. O comportamento observado nas páginas de *A Maçã* supera o imaginário que, às vezes, temos de tempos remotos, de que havia moralismo ou mais controle nos relacionamentos. Na verdade, a sociedade vivia as mudanças sociais e artísticas de maneira muito engajada, e posições políticas e pessoais eram discutidas publicamente por meio de jornais e revistas. Mais que levantar aspectos superficiais da sociedade, queria-se mostrar o que essas pessoas pensavam, como agiam e se adotavam postura coerente dentro desse universo.

Editor da revista *A Maçã*, Humberto de Campos era uma figura notória e influente na formação de leitores. Adorado por milhares, autor de poesias, contos e crônicas brilhantes, o escritor deu outra dimensão ao termo *pseudônimo*.

Em 1917, cria o Conselheiro X.X., autor de uma série de continhos galantes consumidos vorazmente em seus 11 volumes publicados — era um verdadeiro personagem, com local e data de nascimento, e até um retrato estampado na revista. Esses excelentes textos traziam como mote casos extraconjugais, desejos proibidos e situações engraçadas, as quais resultavam em histórias com uma boa dose de malícia e sarcasmo. Humberto de Campos, dono de uma sólida carreira literária e jornalística, mantinha atividade paralela com o Conselheiro X.X. Ao ingressar na Academia Brasileira de Letras, após ser muito aclamado pelos colegas, alguns passaram a criticá-lo impiedosamente por causa de sua nova incursão. Luiz Edmundo, religioso intransigente, via os contos do

Conselheiro como uma aberração produzida pelas mesmas mãos que escreviam obras aclamadas como *A poeira* ou *O monstro*.

Humberto de Campos escreveu durante toda a vida um diário, publicado postumamente com o título *Diário secreto*, no qual relatou, com maestria e riqueza de detalhes, situações que serviam de inspiração para seu trabalho cotidiano. A obra teve apenas uma edição e foi um daqueles livros-bomba – com revelações de pessoas da elite carioca, desde intelectuais a damas da sociedade.

Afinal, quem foi Humberto de Campos? No decorrer da pesquisa, descobri um homem admirável, que aprendeu a ler sozinho e que desde então passou a amar os livros. Ele ocupava, desde 1920, a cadeira número 20 da Academia Brasileira de Letras e, até chegar ao Rio de Janeiro e iniciar uma carreira de sucesso como escritor e jornalista, passou por maus bocados. Seus livros já eram um sucesso quando lançou *A Maçã*.

É curioso que, hoje, Humberto de Campos seja mais conhecido por sua obra "pós-morte" que por sua carreira literária em vida, após o médium Chico Xavier psicografar textos atribuídos ao espírito do autor. Como um escritor pôde ser apagado do cenário literário a ponto de suas supostas obras psicografadas serem mais conhecidas que toda a sua obra em vida?

A Maçã era uma revista literária ilustrada e com um projeto gráfico inovador para a época. Privilegiava textos que expressassem desejos, paixões e traição. Mostrava uma face inusitada da sociedade carioca de 1922, que era, como dizia o próprio Humberto de Campos, "uma sociedade que conhecia o pecado".

A MAÇÃ

Num. 3 — Anno 1

25 Fevereiro 1922

DIRECTOR: CONSELHEIRO X. X.

S. R. Carnavalesca "Os Amigos do Peito"

BLOCO "MONCORVO FILHO"

(Desenho de LUP)

—Quereis um carro que "deleite"?
SINITE PARVULOS VENIRE
AD MÉ !...

Capítulo 1

A Maçã: objeto de desejo

A imprensa ilustrada da virada do século XX foi identificada como ponto crucial no desenvolvimento das linguagens gráfica e literária brasileiras, e as revistas ilustradas tornaram-se essenciais na construção do gosto e da identidade cariocas, atraindo uma diversidade de intelectuais e de artistas do Brasil e do exterior. Esse processo possibilitou experimentações visuais fundamentais para o desenvolvimento do moderno design brasileiro.

A Maçã tinha uma proposta bastante diferenciada das revistas similares da época em virtude de seu conteúdo e de seu projeto gráfico. O objetivo inicial da pesquisa era identificar as soluções gráficas do projeto e discutir sua relevância para o design brasileiro. Para isso, foram feitas a documentação e a análise gráfica do período considerado mais fértil da publicação, a fim de apresentar as soluções empregadas e demonstrar as relações de linguagem entre os projetos gráfico e literário. *A Maçã* está inserida em um período histórico no qual já se observa a existência da profissão de designer, embora o Design não contasse ainda com um ensino sistematizado no país.

Começou assim, a ser escrita, a história de *A Maçã*, que envolvia design, literatura, moda, propaganda, e também a de seus idealizadores: o próprio Humberto de Campos (Conselheiro X.X.) e os profissionais que faziam essa revista. Para falar de design, é preciso falar dos elementos presentes no cotidiano das pessoas que o projetam e o consomem. Os marcos históricos consagrados, nesse caso, já não são tão importantes quanto os marcos reais que aparecem na prática do projeto, no uso da tecnologia, na experimentação de novas linguagens.

O tipo de história a ser escrito então não deveria ser aquele factual, mas, sim, do cotidiano, aquele que se escreve com os fragmentos deixados pelas pessoas comuns, que atuaram de modo concreto na construção do dia a dia.

A importância de se pesquisar a história do design — sobretudo no Brasil, onde os estudos nessa área são tão escassos — é essencial para a busca de novos caminhos e interpretações para a profissão. Cronologicamente, na Europa e nos Estados Unidos, já se considera o ponto de partida para o design o período pós-Primeira Revolução Industrial, no início do século XIX, quando a padronização entre produção e consumo foi alterada pela cultura comercial. Nessa época, técnicas gráficas, como determinados tipos de xilogravura e litografia, tiveram participação significativa na criação e na circulação de novos instrumentos da mídia impressa e no aparecimento de um novo mercado, antes formado apenas pela burguesia urbana, que começa a congregar outras classes, incluindo as de trabalhadores. A evolução do jornalismo ilustrado durante o século XIX constitui um dos maiores mercados até então — é o nascimento da indústria do passatempo/lazer. Inclui produtos para todos os gostos, revistas femininas, infantis, periódicos de moda e arte, jornais políticos e satíricos, revistas ilustradas de notícias e entretenimento, revistas literárias e diversos periódicos especializados. Essa indústria gerou um crescente número de impressos, rompendo barreiras de classe e colaborando para a democratização da cultura visual. Entre o fim do século XVIII e o início do século XIX, a maioria das revistas ilustradas que existiam era acessível apenas às classes alta e média, que pagavam assinaturas mensais ou trimestrais (Jobling; Crowley, 1996:1-12).

O conceito de pesquisa arqueológica está por trás da investigação da revista *A Maçã* e das informações complementares de seus idealizadores. A construção do cenário histórico manteve o foco na revista. O universo em que se buscaram as *reminiscências* foi o da intelectualidade no Rio de Janeiro do início do século XX — dos homens de letras, jornalistas, cronistas, caricaturistas e da imprensa ilustrada em geral. Foi por meio do resgate dos registros na imprensa e na literatura da época que se cruzaram dados e se chegou a importantes constatações e hipóteses. Uma trama foi sendo tecida com diversas meadas que, aos poucos, se entrecruzaram e delinearam as formas daquele cenário. Foi necessário realizar um breve estudo da história da imprensa, dos movimentos artísticos que influenciaram os intelectuais que colaboravam com *A Maçã*, dos caricaturistas e ilustradores, da tecnologia gráfica da época, da vida de Humberto de Campos e de alguns colaboradores importantes da revista, bem como de questões que faziam parte de seu universo, como a prostituição e a condição da mulher, as transformações no imaginário carioca com as reformas urbanas no Rio de Janeiro, a modernidade e o modernismo, a identidade do carioca.

Humberto de Campos, consagrado cronista, jornalista e poeta da época, editava *A Maçã* de maneira bastante ousada, sob o pseudônimo de Conselheiro X.X. A revista era direcionada ao público masculino e trazia contos, crônicas e comentários picantes, muitas vezes constrangedores para alguns famosos. Desde seus primeiros números, apresentava ilustrações e clichês tipográficos, caricaturas, fotografia e uma diagramação dinâmica, resultando em uma integração primorosa entre a imagem e o texto. *A Maçã* e seu editor foram esquecidos. Hoje, pouco se fala de Humberto de Campos, embora tenha sido um dos autores mais lidos e queridos do Brasil na época. Ele foi literalmente um autor de best-sellers; chegou a vender 18 mil exemplares de suas crônicas compiladas. Um grande cronista e poeta que, como ele mesmo profetizou, tornou-se esquecido: "[...] tenho certeza de que ao fim de 50 anos não se imprimirá mais um só livro no qual se encontre, mesmo vagamente, o meu nome [...]" (CAMPOS, 1954b:396).

A Maçã explorava assuntos como relacionamentos extraconjugais não apenas dos homens com as *cocottes* mas também de suas esposas. Mesmo em trechos publicados de obras de escritores como Eça de Queirós, Olavo Bilac, Aluísio de Azevedo e do próprio Humberto de Campos são privilegiados os que tenham, em seu pano de fundo, o desejo e a traição.

A revista era um sucesso de vendas: segundo seu editorial, chegou a ser o semanário de maior circulação na capital. Além disso, era vendida por meio de assinaturas para outros estados e para o exterior. Teve momentos distintos: era mais ousada graficamente no início; teve uma fase com ilustrações mais comedidas (mais *familiares*, como a própria revista anunciou); e uma fase final mais vulgar (depois de 1928), quando deixou de ser dirigida por Humberto de Campos.

Ivan

A Maçã brincava o tempo todo com a noção do pecado, Eva e a maçã, criando um rico referencial simbólico. Utilizava metáforas verbais e visuais como principal recurso do duplo sentido explorado em suas páginas. Ao contrário de suas contemporâneas que aparecem em todos os livros de referência sobre o assunto, *A Maçã*, quando citada, o é superficialmente e, muitas vezes, como uma revista malvista e secundária. Muitos críticos não se conformavam que um escritor como Humberto de Campos pudesse escrever *aqueles* contos, usar tantos pseudônimos e veicular uma revista tão escandalosa para a época. Os números, porém, não mentem; se os críticos diziam não gostar dela, o público, ao contrário, a disputava. O primeiro número de *A Maçã* esgotou rapidamente, tendo de ser reeditado. Aqueles críticos que relegaram *A Maçã* a um segundo plano desconsideraram seu sucesso e sua qualidade gráfica.

Ivan

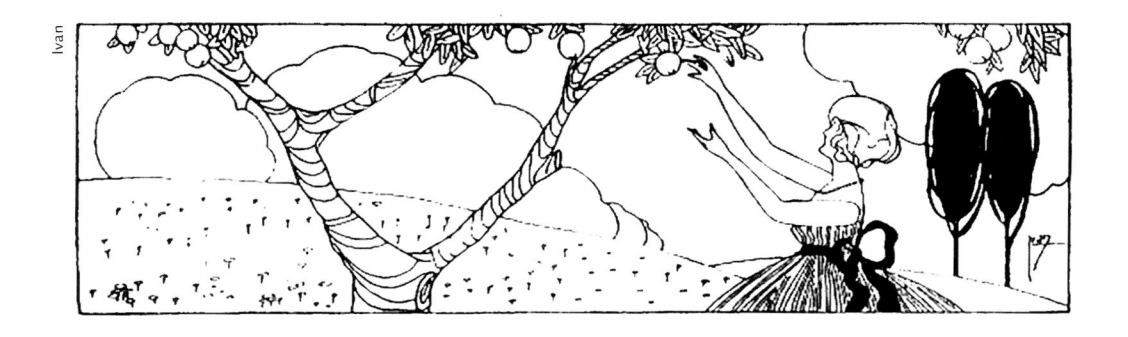

A década de 1920 foi um momento particular no Brasil, especialmente no Rio de Janeiro — então capital da República —, de efervescência cultural e política, trazendo mudanças profundas nas relações sociais, no uso da tecnologia e nas formas de expressão artística. As manifestações vernaculares de design compreendidas nesse período evoluíram para diferentes etapas da mídia impressa até chegar ao design que se faz atualmente e resultaram em objetos de riqueza cultural que representam uma desconhecida história do design brasileiro. Neles aparece o trabalho do artista gráfico comercial que fez parte do passado e criou marcas, identidades de empresas e produtos, embalagens, jornais, revistas e livros, anúncios e reclames utilizando a tecnologia de que dispunha, sua habilidade, seu talento e sua subjetividade.

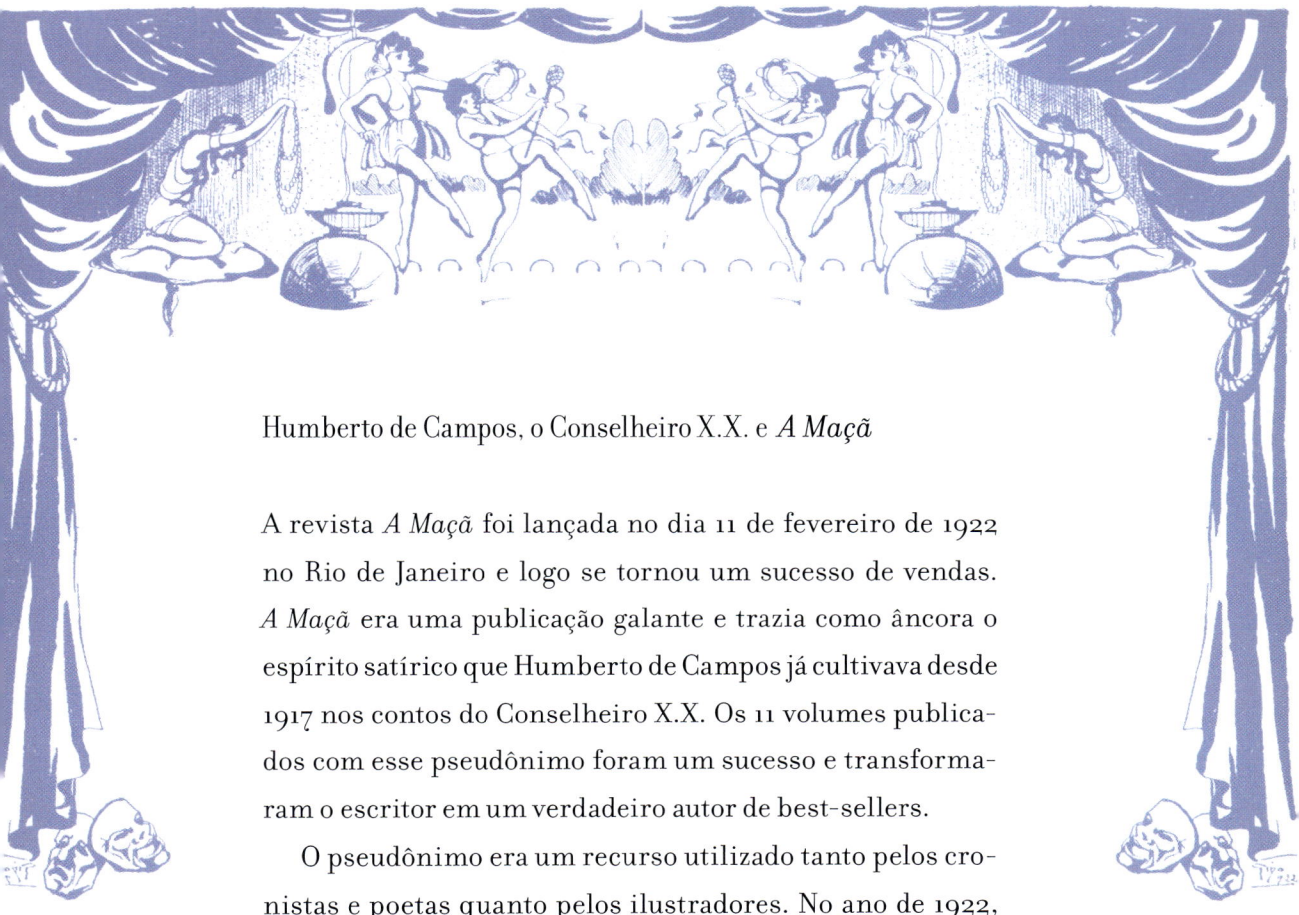

Humberto de Campos, o Conselheiro X.X. e *A Maçã*

A revista *A Maçã* foi lançada no dia 11 de fevereiro de 1922 no Rio de Janeiro e logo se tornou um sucesso de vendas. *A Maçã* era uma publicação galante e trazia como âncora o espírito satírico que Humberto de Campos já cultivava desde 1917 nos contos do Conselheiro X.X. Os 11 volumes publicados com esse pseudônimo foram um sucesso e transformaram o escritor em um verdadeiro autor de best-sellers.

O pseudônimo era um recurso utilizado tanto pelos cronistas e poetas quanto pelos ilustradores. No ano de 1922, *A Maçã* causou certo incômodo por ser uma revista "galante" e foi duramente criticada ao mesmo tempo que se tornou um grande sucesso de público. Acidamente, tratava de assuntos provocativos, como a presença e a ascensão social das prostitutas de luxo na sociedade carioca e a mudança de comportamento da mulher. Além disso, Humberto de Campos utilizava a revista para alfinetar seus colegas da Academia Brasileira de Letras.

Humberto de Campos, o Conselheiro X.X.

Terça-feira, 4 de fevereiro (1930):

O amor ideal é como esses balões dirigíveis que vêm fazendo a travessia dos mares e dos continentes: vive no ar, entre as nuvens e as estrelas, nas proximidades do céu, mas, ao fim de cada voo, lançam a âncora, fixando-a na terra. A paixão mais pura precisa, de quando em quando, para viver, de um pensamento imundo (CAMPOS, 1954b:12).

Por volta de 1917, Humberto de Campos publicou seu primeiro livro em prosa, *Da seara de Booz*, constituído de pequenos artigos escritos entre 1915 e

Correia Dias

1916, e publicados na imprensa com o pseudônimo de Micromegas (nome de um conto de Voltaire). Em seu *Diário secreto*, o autor menciona que:

Correia Dias, que rola, deslumbrado, no turbilhão de uma ruidosa notoriedade nascente, entregou-me hoje o desenho da capa do meu livro "Da Seara de Booz". É a mão de um ceifeiro apertando duas espigas de trigo maduro. Os grãos de trigo estão exagerados em relação à mão. É, talvez, trigo de Brobdingnag... (Sábado, 16/6/1917) (CAMPOS, 1954a:69)

Em julho de 1917, encontra-se outra observação a respeito de capas:

Recebo o primeiro exemplar da 2ª série da "Poeira"... Acho a obra, materialmente, a meu gosto. Estéril há sete anos, sinto de novo todas as emoções da paternidade mental... A capa, reproduzindo um desenho do infortunado J. Artur, que eu conheci no Pará, é de uma simplicidade desajeitada, que, a princípio, me fere os olhos. Depois, vou-me habituando, e acho-a boa. Qual é o pai enamorado que se não habitua com a deformidade do filho? (CAMPOS, 1954a:82).

Humberto de Campos Veras nasceu em Miritiba, atual município de Humberto de Campos, no Maranhão, em 1886. Autodidata, escreveu quarenta volumes que abrangem poesia, contos, crônicas, memórias, crítica literária e artigos para jornais e revistas. Suas principais obras são: *Poeira* (1911), *Da seara de Booz* (1918), *Vale de Josafá* (1919), *Tonel de Diógenes* (1920), *Mealheiro de Agripa* (1920), *Carvalhos e roseiras* (1923) e *Memórias* (1933).

Foi também tipógrafo. Quando tinha 12 anos, após algumas incursões desastradas pelo comércio e pela alfaiataria, sua mãe teve a ideia de fazê-lo aprendiz de uma oficina tipográfica em Parnaíba. Sua primeira função no jornal *O Comercial* foi separar os tipos empastelados, adquiridos de segunda mão, nas respectivas caixas, mas alguns dias depois já começaria seu aprendizado na composição.

Mais tarde vai tentar algo em São Luís do Maranhão e novamente trabalha na "Davi, Rabelo & Cia. – tipografia e encadernação". Ao alternar com os empregos em jornais e em tipografias, Humberto de Campos trabalhou em casas comerciais de alguns tios, mas estava mesmo decidido a abraçar a profissão de tipógrafo, pois tinha verdadeira paixão pelos livros. Voltou aos tipos por apenas um mês no *Jornal da Manhã*, dirigido por Agripino Azevedo e Joaquim Francisco de Sá, em São Luís.

Aos 18 anos, vai para Belém, no Pará, onde novamente trabalharia como tipógrafo; dessa vez, no jornal *Notícias* (um diário em perpétua agonia). Lá, além de tipógrafo, foi revisor e autor de alguns versos. Nesse mesmo período, enfrentou muitas dificuldades e quase morreu de fome quando passou a ser redator político do *Província do Pará*, um jornal da situação. Foi nessa época que conheceu quem viria a ser sua esposa. No entanto, o governador do Pará, o qual tinha apoio do jornal em que Humberto de Campos trabalhava, foi deposto e perseguido, bem como todos os seus correligionários. Humberto realiza uma fuga espetacular e vai para o Rio de Janeiro (CAMPOS FILHO, 1997:74).

Coincidentemente ou não, sua trajetória dentro dos jornais e das oficinas de tipografia e as declarações que denotam uma preocupação com a apresentação gráfica das capas de seus livros podem apresentar algumas pistas sobre sua ligação com a renovação do design editorial no Brasil na década de 1920.

De acordo com Macário de Lemos Picanço (1937) na biografia de Humberto de Campos, nessa mesma época o autor se inicia em outro gênero de literatura: a fescenina.

Andrés Guevara

E ele que se vai tornando dia a dia mais livre, se esconde sob o pseudônimo de Conselheiro X.X., o mais conhecido talvez dos que já foram usados no Brasil. Centenas e centenas de anedotas são publicadas e o número de leitores cresce extraordinariamente. O Conselheiro X.X. torna-se popular, não há quem não o conheça, quem o não discuta e ele segue o seu caminho, distribuindo alegrias por todas as partes. O triunfo é grande, mas a glória que traz tem, envolvida na sua cor cinzenta, um sabor diferente, meio cáustico ou meio amargo. Ele anda em todas as bocas, vive em todas as rodas mas amparado sempre, e cada vez mais, no prestígio da imoralidade.

Depois as historietas galantes, cuja autoria, a princípio negou, são reunidas em livros que, hoje, ao todo sobem a mais de dez... Esses livros ainda hoje são olhados, principalmente pelos chefes de família, com severidade, e, há pouco eu vi um pai dizer ao filho já moço, que falava em adquirir a coleção do XX: "Não, senhor, aqui aquilo não entra."[...]

Os mesmos lábios que riam, quando eram lidas as suas anedotas, repeliam-nas à frente dos outros, tachando-as de imoral (PICANÇO, 1937).

Podem-se observar a imagem que se fazia dos contos satíricos de Humberto de Campos e as duras críticas que o louvado poeta e jornalista recebia.

Em maio de 1920 ingressou na Academia Brasileira de Letras, saudado por Luiz Murat, por quem tinha grande admiração, em sessão presidida por Carlos de Laet, que alguns anos antes havia previsto a presença de Humberto de Campos na Academia. Após a eleição, a admiração que Carlos de Laet sentia por ele foi diminuindo gradativamente. Católico intransigente, tornou-se, assim como Jackson de Figueiredo, um adversário acirrado do Conselheiro X.X. Escreveu, por exemplo, em 1925:

> Quanto aos poetas, reclama-se algum cuidado. Mudam frequentes e às vezes para pior. Lembra-me bem que com grande entusiasmo votei no Sr. Humberto de Campos, o poeta da *Poeira*... Não tenho culpa se depois sobreveio o aguaceiro e aquela poeira astral se transmudou em maçã deteriorada (PICANÇO, 1937:178).

De acordo com Picanço:

> Em 1922, vendo que sua literatura galante dilatava cada vez mais o seu campo de circulação, funda uma revista – *A Maçã*. E nas páginas dessa revista, assinando-lhe as colaborações, Humberto adotou vários pseudônimos, como Batu-allah, Almirante Justino Ribas, Giovani Morelli, Luiz Phoca e outros (PICANÇO, 1937:180).

Eloy Pontes teceu, na época, duras críticas a esse período literário de Humberto de Campos, escrevendo em sua *Obra alheia*:

> O Sr. Humberto de Campos, há anos, criou n'*O Imparcial* um canto de coluna, onde, sob o disfarce de duas letras (XX) se meteu a contar anedotas *boccageanas*. A audácia produziu sensação e os leitores repontaram. Recolhendo vênetas pornográficas, antigas e conhecidas, primeiro, adaptando-as a personagens da atualidade, ele teve as galas do sucesso. Das histórias fesceninas passou logo a larga extração duma revista. *A Maçã* – fundada e mantida sob sua responsabilidade. Lançando mão da *Vie Parisienne*, pondo em pequenas crônicas a literatura crapulosa, que aí se estadeia, o Sr. Humberto de Campos seguiu caminho... Apareceram os primeiros volumes daquela pornografia galante, disfarçados sob o nome de Conselheiro X.X., tendo o Sr. Humberto de Campos fornecido

Autoria desconhecida

mesmo aos leitores d'*A Maçã* o retrato dum velho, como autor da coletânea de anedotas e do jornal (Picanço, 1937:180-181).

Humberto de Campos construiu a imagem do Conselheiro X.X. sobre uma sólida literatura galante, satírica e crítica. Era como se não fosse ele, mas, sim, uma personalidade paralela.

No primeiro editorial de *A Maçã*, o Conselheiro X.X. dizia--se um ancião de 71 anos (o dobro da idade de Humberto de Campos), nascido em São Paulo e, com deboche, apresentava a fotografia de um senhor como se fosse o autor dos contos. Aliás, quem seria aquele sujeito? Esse espírito de dubiedade está presente em todas as páginas da revista, no texto e nas ilustrações. A respeito das críticas que recebia chamando-a de imoral, Humberto de Campos retrucava: "Que mal fez até hoje ao mundo a nossa malícia? Promoveu a guerra entre Inglaterra e o Egito? Destruiu a Liga das Nações? Desencadeou a luta civil? Aniquilou algum lar? Determinou algum suicídio? Absolutamente, não!" (A Revista no Brasil, 2000:184).

Segundo Macário de Lemos Picanço,

> o Conselheiro X.X., com sua displicência, com sua calma, com a sua tendência erótica, fez muita gente dar boas gargalhadas, mas isso não quer dizer que ele estivesse praticando o humorismo. Humberto foi, muitas vezes, não negará o crítico mais exigente, o teórico mais forma-lista, um humorista perfeito [...] (Picanço, 1937:235).

"O Conselheiro X.X.", de acordo com o biógrafo, "só tinha um intuito: fazer rir a homens que, símbolos de uma sociedade, retratos de uma época, queriam unicamente rir." Luís da Câmara Cascudo o chamou de "Boccaccio decrépito, acendendo coivaras de volúpia no espírito sôfrego das mulheres". Amigos de Humberto de Campos defendiam que ele só escrevia seus contos satíricos por-que precisava de dinheiro e que, com sua poesia e literatura – que refletiam apenas doçura –, não sobreviveria.

Ainda segundo Macário de Lemos Picanço, a obra do escritor sob o pseudônimo de Conselheiro X.X. era considerada, na época, quase em sua totalidade obscena, imoral, pornográfica, *boccageana*, embora grande parte do que ele escreveu escape dessa classificação (Picanço, 1937:243).

Ao lado de uma anedota apenas pitoresca, inseria duas francamente fesceninas, tanto ou mais fesceninas que algumas passagens do *Decameron* de Boccaccio.

Jackson de Figueiredo, que via em Humberto de Campos um dos talentos mais agudos de seu tempo e o poeta mais impressionante dos que surgiram depois do movimento que contou, entre nós, com os corifeus Olavo Bilac, Raimundo Correia e Alberto de Oliveira, revoltou-se fortemente contra o barbudo Conselheiro X.X., o qual, em outras palavras, dizia ser a degradação de uma inteligência brilhante e chegou a chamar para ele, para sua literatura e, sobretudo, para *A Maçã* a atenção da polícia:

> *A Maçã* [...] nos seus três números já publicados é talvez mesmo o maior atentado que já se haja feito aos bons costumes da sociedade carioca." E Jackson não podia conformar-se com o fato de "até mocinhas, botões prontos para desabrochar em flores, procurarem o Conselheiro X.X., para lê-lo às escondidas, com um gozo no espírito e um temor no coração", e proclamava que Humberto só se arrependeria do que estava praticando quando seus filhos crescessem e quisessem conhecer aquilo que ele estava escrevendo para perverter a alma dos filhos alheios (Picanço, 1937:244).

Ao definir os objetivos da revista *A Maçã*, situando-a no campo do erotismo, Humberto de Campos afirma: "Dizer com graça, com arte, com literatura o que se costumava dizer por toda parte sem literatura, sem arte e muitas vezes sem graça" (A Revista no Brasil, 2000:184).

São exageros de críticos e de pais de família preocupados com o que suas filhas estavam lendo e fazendo. Nas entrelinhas, percebe-se enfim que o público que comprava *A Maçã* podia ser o masculino, mas que "até mocinhas" liam-na às escondidas.

Enquanto isso, em seu *Diário secreto*, Humberto de Campos comenta várias situações ocorridas na sociedade carioca (casos ora escabrosos, ora simplesmente hilários ou até graves) envolvendo acadêmicos, escritores, poetas, mulheres da sociedade. Esse livro, a pedido do próprio autor, só foi publicado 15 anos após sua morte e teve apenas uma edição. Não é de estranhar, na medida em que muitas vezes os comentários mostram a outra face dos homens de letras mais respeitados daquele início de século XX, como Olavo Bilac, Coelho Neto e muitos outros.

> Sexta-feira, 6 de julho:
>
> Em uma vila fronteira à minha casa, à Rua Barão de Ubá, suicidou-se, a 30 de junho último, um capitalista de nome Gomes da Silva, que se achava, no momento, em visita a um casal aí residente. Os jornais têm comentado o caso, admitindo a hipótese de um crime, e dando a jovem dona de casa como amante do capitalista, a quem explorava. Um morador da vila, sem que eu lhe pergunte, informa-me ser da mesma opinião adiantando que o velho namorado tinha grandes ciúmes da amante, à qual dizia, em altas vozes, nas discussões que travavam:
> — Não admito que você namore; você é minha; minha e de seu marido! O marido, esse, não dizia nada... (Campos, 1954a:76)

Esse é um exemplo das fontes de referência que Humberto de Campos utilizava nos contos fesceninos que escrevia sob a alcunha de Conselheiro X.X. Além disso, a prostituição de luxo frequente nas ruas do centro da cidade do Rio de Janeiro e as relações entre homens e mulheres também eram temas centrais da revista *A Maçã*. Novamente citando Macário de Lemos Picanço,

Humberto publicava suas anedotas não com o intuito de perverter ninguém, de obscurecer no nascente o sol de qualquer existência, mas unicamente para distrair uma sociedade que, mundana como as mais mundanas, via n'*A Maçã* do pecado um dos símbolos mais primorosos da vida. E eu concordo quase plenamente com Múcio Leão, que sustenta ser imoral não o Conselheiro X.X., mas a sociedade que, faminta de orgias espirituais, o produziu, ou, antes, exigiu que ele se produzisse a si mesmo. [...]

Humberto reconhecia-se livre, não negava ser autor de obras que se não recomendam muito à moral religiosa e patriarcal da família brasileira, mas achava excessivo o ataque que lhe faziam. Compreendessem-no melhor, raciocinassem-no mais e depois, então, o criticassem. Mas não fossem tão severos sem conhecê-lo bem. E procurava esclarecer, em defesa do seu nome, aqueles que o julgavam no tribunal da opinião pública: "Os dez volumes alegres que escrevi, e que formam um acervo de 1.120 pequenos contos originais ou traduzidos, não são, sem dúvida, dos mais edificantes e modelares, sob o ponto de vista moral, ou antes, da moralidade.

A finalidade de cada um deles não é, entretanto, a sexualidade, mas a jovialidade, de modo que, onde aquela aparece, toma o aspecto de pura galantaria. Há malícia, mas não há nunca brutalidade. São contos à maneira de *Courteline*, de *Alphonse Allais*, de *Banville*, e que não contêm, sequer, as asperezas dos de *Boccaccio*, de *Margarida de Navarra*, de *Armand Sylvestre*, de *Catulle Mendès* e, ainda menos, as daqueles famosos narradores bizarros dos séculos XV e XVI — os *Franco Sacchetti*, os *Barberine*, os *Matteo Bandello*, os *Firenzuola*, os *Fortini*, os *Malespini*, os *Ascanio de Mori* —, que foram, durante todo esse largo período, o orgulho e o encanto das pequenas cortes italianas. Eu tenho uma bibliografia galante, confesso, mas não tenho uma obra propositadamente imoral. Os meus miúdos contos maliciosos foram escritos unicamente para fazer sorrir a uma sociedade que conhece o pecado; mas não ensinam, eles mesmos, o pecado, despertando, pela vivacidade da descrição, os desejos concupiscentes. Nas 3.690 páginas que formam esses dez volumes erradamente classificados de fesceninos não se encontra, em suma, um só termo brutal ou um vocábulo que não possa ser proferido em voz alta. O que poderia haver de inconveniente e censurável está em subentendidos, no duplo sentido das expressões, no equívoco das situações cômicas, nos atributos literários, enfim, que caracterizam a literatura galante e a distinguem da literatura licenciosa" (Picanço, 1937:245-246).

Humberto de Campos tinha grande admiração pelo teatro. Assim, nas páginas de *A Maçã*, há seções de crítica e um vasto registro de peças da época e das diversas companhias. Além disso, Humberto escreveu uma peça para o teatro de revista:

Com a construção da Cinelândia pelo prefeito Carlos Sampaio, surgiram também o Odeon, o Império, o Glória, o Pathé e o Capitólio. No Odeon seria lançado, em 1929, o primeiro grande filme falado, o norte-americano *Broadway Melody*, e no Glória estrearia, em 1925, a Tró--ló-ló, de Jardel Jércolis, com a revista *Fora do Sério*, do Conselheiro X.X. (Humberto de Campos) e Oscar Lopes, com o que se marcariam novos rumos para o teatro ligeiro musicado no Brasil, a exemplo do que não tardaria a fazer também a Companhia Ra-ta-plan, do cinematografista Luiz de Barros (Brasil, Gerson, 2000:110).

Na edição de 26 de setembro de 1925 de *A Maçã*, encontra-se o seguinte comentário de Humberto de Campos:

Tró-ló-ló — teatro de revista *mot d'esprit* — Cômico, trocadilho, inesperado. Não estranhem que *A Maçã* entre no coro de protesto contra a pornografia imperante em certos círculos da cena ligeira. O humorismo, que caracteriza nossas páginas e delas faz um padrão nas letras galantes, nunca tendeu à obscenidade e sempre se fixou nos limites — tão amplos, aliás — da malícia, da ironia, do *double-sens* apenas picante. *Conselheiro X.X. e Barão d'Oélle (Oscar Lopes) (A Maçã, 26/9/1925).*

Ivan

A Maçã

> a vida foi feita para ser gozada, amada, bebida com delícia, como um vinho capitoso [...] ele [Conselheiro X.X.] vos concita, ó irmãos, a arrancardes da cabeça, com ele, a coroa de espinhos dos mártires, e a substituí-la, semanalmente, se vos aprouver, por esta pequena coroa de rosas. XX (*A Maçã*, 11/2/1922:4)

Observa-se, já nos primeiros números de *A Maçã*, um projeto gráfico ousado e inovador, com recursos de diagramação incomuns para a época. Com grande destaque para as ilustrações e o uso de vinhetas, trazia, em suas melhores fases, capa e páginas centrais impressas em duas e até em três cores utilizadas com extremo cuidado pelos ilustradores. Com relação ao discurso verbal, sustenta o uso de ilustrações provocantes e escandalosas para a época. O principal ilustrador da revista foi, sem dúvida, Ivan. Com um traço suave e muito particular, levemente influenciado por J. Carlos, teve suas vinhetas utilizadas até os últimos números de *A Maçã*, quando esta já estava em um claro processo de decadência.

Em 1925, no auge da revista, Humberto de Campos lançou um de seus livros de contos satíricos, *Grãos de mostarda*, com a capa assinada por Paim, editado pela Livraria Editora Leite Ribeiro. Antônio Paim Vieira (1895-1988) nasceu em São Paulo, foi um versátil artista, caricaturista, desenhista, gravador e fundador da revista *A Garoa*, em 1921. Participou de vários movimentos culturais brasileiros, e sua versatilidade pode ser vista em capas com linguagem tipicamente *art nouveau*, como a do livro *Yara*, de Paulo Gonçalves, e em outras modernistas, como as ilustrações do livro *Pathé-Baby*, de Antônio de Alcântara Machado (1901-1935) na década de 1920, as quais se aproximam muito da linguagem gráfica das capas feitas por Paim para os livros do Conselheiro X.X.

Evolução comercial

São reproduzidos a seguir sete expedientes da revista *A Maçã* que ajudam a compreender melhor sua trajetória empresarial.

1. 11 de fevereiro de 1922
A Maçã n. 1
Semanário ilustrado
Diretor: Conselheiro X.X.
Proprietário: Humberto de Campos
Redação: Rua Sachet, 28 (atual Travessa do Ouvidor)
Estados:
Ano: 25$000; semestre: 13$000; avulso: $600
Capital:
Avulso: $500; atrasado: $600
Agente para estados:
Livraria Leite Ribeiro
Rua Bethencourt da Silva, 15, 17 e 19
* a revista tem 24 páginas mais capa.

2. 14 de fevereiro de 1925
A Maçã n. 158
Semanário ilustrado
Diretor: Conselheiro X.X.
Proprietário: Humberto de Campos e Cia.
Redação: Rua do Rosário, 108, 2º andar
Administração: Rua da Quitanda, 59
Oficinas: Av. Mem de Sá, 236, 240, Rio, Brasil

‹... e Dora cahiu-lhe nos braços...›

Aos nossos agentes de venda avulsa, do interior, que se encontram em atraso de pagamento, solicitamos a remessa das importâncias correspondentes aos seus débitos, em vale postal, com a máxima brevidade. De março em diante suspenderemos a remessa da revista a todos quantos não efetuarem os respectivos pagamentos até o fim de fevereiro, publicando, a seguir, a lista dos agentes relapsos.
Assinatura e venda avulsa:
Estados:
Ano: 25$000; ano (sob registro): 50$000; número avulso: $600
Para o exterior
Porte simples
Ano 50$000; semestre 30$000
Registrado
Ano: 60$000; semestre: 35$000

Capital:
Número avulso: $500; atrasado: $600; idem sob registro mais $600
Publicação retribuída (anúncios); preços por vez
Em papel couché
1 página 250$000; + página 130$000; + página 70$000; capa anterior em cores 450$000; contracapa, 1 e 2 a 350$000.
Em papel acetinado
1 página 200$000; + página 110$000; + página 60$000; publicações especiais no texto 5$000 a linha por vez escala corpo 7.
Toda correspondência deve ser dirigida a João de Abreu.
Números atrasados desde o primeiro, publicado em 11/2/22, encontram-se na Livraria Braz Lauria (Agência de publicações mundiais Braz Lauria)
Rua Gonçalves Dias, 78
* a revista tem 28 páginas mais capa.

3. 14 de agosto de 1926
A Maçã n. 236
Diretor: Conselheiro X.X.
Proprietário: Humberto de Campos
Administração: Livraria Leite Ribeiro
Rua Bethencourt da Silva, 15, 17 e 19
Redação: Rua do Passeio, 78
Oficinas: Rua Paulo de Frontin, 103 (A Pernambucana)
n. avulso capital: $500
* a revista tem 28 páginas mais capa.

4. 16 de outubro de 1926
A Maçã n. 245
Diretor: Conselheiro X.X.
Proprietário: Idacó F. da Cunha
Administração: Livraria Leite Ribeiro
Rua Bethencourt da Silva, 15, 17 e 19
Redação: Rua do Passeio, 78
Oficinas: Rua Paulo de Frontin, 103 (A Pernambucana)
n. avulso capital: $500
* a revista tem 28 páginas mais capa.

5. 7 de maio de 1927
A Maçã n. 274
Fundador: Conselheiro X.X.
Proprietário: Idacó F. da Cunha
Administração: Livraria Leite Ribeiro
Rua Bethencourt da Silva, 15, 17 e 19
Redação: Rua do Passeio, 78
Oficinas: Rua Paulo de Frontin, 103 (A Pernambucana)
n. avulso capital: $500
* a revista tem 28 páginas mais capa.

Ivan

6. 10 de dezembro de 1927
A Maçã n. 305
Fundador: Conselheiro X.X.
Proprietário: Idacó F. da Cunha
Administração e Redação: Rua do Passeio, 78
Oficinas: Rua Paulo de Frontin, 103 (A Pernambucana)
Assinatura e venda avulsa:
Estados:
Ano: 40$000; ano (sob registro): 60$000; número avulso: $800
Para o exterior
Porte simples
Ano: 70$000; semestre: 40$000
Registrado
Ano: 100$000; semestre: 55$000
Capital:
Número avulso: $700; atrasado: $800
* a revista nessa fase passa a ter 34 páginas mais capa.

7. Janeiro de 1929
A Maçã n. 329
Proprietário: Idacó F. da Cunha
Administração e Redação: Rua Chile, 27, 1º andar
Oficinas: Rua Paulo de Frontin, 103 (A Pernambucana)
Capital:
Número avulso: 1$000

Gino

Os expedientes reproduzidos anteriormente mostram sete momentos da revista *A Maçã* e refletem as seguintes situações empresariais configuradas:

1. No início, a revista é dirigida e é propriedade de Humberto de Campos.

2. Em um segundo momento, aparece uma sociedade que tem a propriedade de *A Maçã*. Entre 1922 e 1925, nota-se um crescimento estrutural da revista. Graficamente, torna-se menos *art nouveau* e utiliza de forma mais sistemática as composições tipográficas, com páginas que tendem para a linguagem *art déco*.

3. Humberto de Campos aparece novamente como único proprietário.

4. Humberto de Campos não é mais o proprietário e aparece como diretor (sob seu codinome).

5. Há um quinto momento, quando Humberto de Campos se desliga da direção da revista, embora ainda colabore com seus contos, por volta do fim de 1927. A revista tenta "despistar" seu afastamento utilizando pseudônimos parecidos com os que ele utilizava, como Conselheiro 3 X. ou Comandante K.K.

6. Quando Humberto de Campos se desliga por completo da revista, aparentemente não colabora mais com contos, e *A Maçã* passa a ter uma linguagem visual mais próxima às publicações modernistas da época, com o uso de composições tipográficas, construções geométricas, embora ainda utilize as ilustrações *art nouveau* elaboradas nos primeiros números, quase um pastiche de tudo o que se fez anteriormente, mas sem qualidade e invenção. Nesse momento, há o primeiro aumento significativo no preço da revista, justificado pelos novos diretores pelo volume do número de páginas, que passou de 28 para 34.

7. Trata-se de um dos últimos números encontrados para consulta, embora haja indícios no próprio texto da revista de que ela tenha continuado a existir pelo menos até março. Há, em julho de 1928, novo aumento de preço, e a revista passa a custar *mil réis*. Os clichês encontram-se bastante desgastados, há poucos ilustradores (Lanza é o principal) e algumas fotos de nus artísticos femininos. Aparece o pseudônimo Conselheiro Xu-Xu (!).

Até 1926, os principais anunciantes de *A Maçã* eram lojas de roupas masculinas e femininas com as últimas tendências da moda em Paris (A Capital, Notre Dame de Paris, Ao 1º Barateiro, Royal Store, Casa York, Casa Estrela, O Pavilhão), laboratórios, remédios e fortificantes (farinha láctea fosfatada Ingesta Silva Araújo, Sabão Thymo Borico, Sexuol, "o terror do homem", A Saúde da Mulher, Dynamogenol, Collyrio Moura Brazil, Lugolina, Dentifrício Odorans), cinemas, filmes, peças de teatro, livros do Conselheiro X.X. e outros. A cada número os anúncios passam a ter mais importância na revista, ocupando espaços privilegiados e sendo criados pelos ilustradores e cronistas que colaboravam com o semanário, como Ivan e Bastos Tigre.

Um ano importante para *A Maçã* foi 1925; houve uma considerável modificação na linguagem gráfica, tornando-se menos *art nouveau* e mais *art déco*. Nesse ano, a redação muda para a rua do Rosário, 108, 2º andar, e sua administração vai para a rua da Quitanda, 59. É a primeira vez que ocorre essa separação no expediente da revista, o que aparentemente denota um crescimento de sua estrutura administrativa.

Com o afastamento de Humberto de Campos da direção da revista, notam-se drásticas diminuição e modificação dos anunciantes. Não se veem mais anúncios como o da Notre Dame de Paris, por exemplo.

Evolução técnica

A invenção do processo offset, em 1904, é atribuída ao americano Ira Rubel. Esse processo de impressão, com base na repulsão entre a tinta e a água, utilizava, sobretudo, chapas de zinco e, posteriormente, passou a usar alumínio e ligas metálicas. No Brasil, o offset chegou ao Rio de Janeiro em 1922, sendo a primeira máquina adquirida pela Companhia Litographica Ferreira Pinto, que, nessa época, imprimia quase com exclusividade para a companhia de cigarros Souza Cruz. Os fotolitos sobre filmes não existiam. Eram preparadas chapas de vidro e copiadas diretamente na chapa, empregando a luz solar. Mais tarde, passaram-se a utilizar as lâmpadas de arco voltaico, já usadas em cinemas e em faróis marítimos. A introdução do offset no Brasil foi muito lenta. Em São Paulo, a primeira máquina foi adquirida pela Gráfica Editora Monteiro Lobato em 1924 (Paula; Neto, 1989:49).

A Maçã tinha uma estrutura básica que consistia em:

1. Formato 18 cm x 27 cm

2. Capa e quarta capa em duas cores, sendo que houve edições especiais em que as capas chegaram a ser impressas em três cores.

3. Vinte e duas páginas em uma cor; no caso, o preto.

4. Seis páginas em duas cores, as mesmas utilizadas na capa.

As imagens tinham uma boa definição de retícula, e a eventual falta de registro entre as cores era bem explorada pelos ilustradores.

Até agosto de 1925, *A Maçã* foi produzida pela Casa Hoepfner & Co. Ltd. Secção Graphica Typographia, Litographia, Relevographia, Encadernação, que ficava na avenida Mem de Sá, 236-240, Rio de Janeiro.

Em setembro de 1925, é editado um número especial, comemorativo da Independência do Brasil, com 100 páginas, muitas delas impressas em tricromia, o que anuncia a mudança da empresa que produzia a revista. Quem passa a imprimir *A Maçã* são as Ophicinas Graphicas A Pernambucana, situadas na rua Paulo de Frontin, 103, que, em seu anúncio na própria revista, enfatizam a impressão de cromos e tricromias. O responsável pela produção gráfica era Hermes Pottes; o diretor técnico e responsável pela qualidade dos clichês, José Pastor.

Ao observar as páginas da revista, é possível levantar uma série de questões:

1. Quem fazia o desenho da página, o planejamento do uso de vinhetas, ilustrações e textos?

2. Qual era o papel do ilustrador na linguagem da revista? Será que ele e o diagramador trabalhavam em conjunto?

3. Será que o colaborador também dava seus palpites, já que era o autor dos contos e crônicas?

4. As mudanças da linguagem gráfica utilizada pela revista foram planejadas? Quais foram as influências sofridas em seu projeto?

5. Pode-se alegar que não há projeto?

Estrutura da revista: considerações sobre o planejamento gráfico

Ivan foi o principal ilustrador e planejador gráfico da primeira fase (de 1922 a 1923) da publicação. Em 29 de dezembro de 1923, ocorre a primeira mudança radical no projeto gráfico da revista. A capa, de Andrés Guevara, não apresenta mais o cabeçalho com o logotipo de *A Maçã* utilizado até então e a partir daí não há mais um padrão; o logotipo da revista passa a fazer parte da ilustração.

O que significou essa primeira mudança no projeto gráfico de *A Maçã*? Pois bem, em 1923, aos 19 anos, o ilustrador paraguaio Andrés Guevara (1904-1963) desembarca no Rio de Janeiro a caminho da Europa, após ter ganhado um prêmio do governo argentino por sua obra. Resolve passar um tempo maior e logo começa a colaborar com jornais e revistas. "O único paraguaio que venceu o Brasil" foi como Humberto de Campos o chamou, e, por insistência sua, Guevara ficou no Rio e em *A Maçã*. Até 1930, foi um dos responsáveis pela presença cada vez maior da caricatura e da charge na imprensa carioca, publicando em quase todos os jornais e revistas, como *O Paiz*, *A Manhã*, *O Globo*, *A Maçã*, *O Malho*, *Crítica*, *Para Todos...*, *Ilustração Brasileira*, *Cruzeiro*, e ajudando a fundar outros, como *A Manhã*, *O Papagaio* e o efêmero *Jazz*, de propriedade de Roberto Rodrigues e do qual era editor. O logotipo de *Jazz* tem uma linguagem bem parecida com a nova identidade de *A Maçã*.

Ivan

Andrés Guevara

Na ilustração, seu traço leve e geometrizado, que se identifica com o cubismo, chegou a influenciar nomes como J. Carlos e uma série de desenhistas da época, como Théo, Alvarus, Nássara, Mendez e Augusto Rodrigues (Corrêa do Lago, 1999:116).

Em *A Manhã* e *Crítica*, diários de Mário Rodrigues, Guevara publicou, entre 1926 e 1930, alguns dos desenhos e ilustrações mais violentos da história da imprensa brasileira. Depois do empastelamento das oficinas da *Crítica*, resolveu deixar o Brasil em 1930. Guevara se ausentou por aproximadamente 14 anos, fixando-se em Buenos Aires. Em sua segunda estada no Brasil, a partir de 1943-1944, o desenhista se afirmou como o grande reformador da imprensa brasileira. Como havia feito curso de artes gráficas nos Estados Unidos, introduziu no Brasil a diagramação das páginas do jornal, que até então era feita, segundo Nássara, sem sistematização, de maneira artesanal e lenta. Guevara trouxe o cálculo, a tabela de correspondência entre lauda datilografada (com um número preestabelecido de linhas e toques) e a composição nos variados corpos tipográficos e larguras. Introduziu ainda a folha milimetrada, que permitia a produção de "espelhos" das páginas. Além disso, vendia bem seus projetos; em sua segunda fase carioca, criou o layout-base do *Diário da Noite*, da *Folha Carioca* e, sobretudo, da *Última Hora*, cujos diagramadores foram chamados por ele da Argentina (Loredano, 1988). Essa maneira de trabalhar de Guevara e sua presença na revista *A Maçã* indicam que ele foi o responsável pelo segundo projeto gráfico da revista. É exatamente quando Guevara começa a colaborar com *A Maçã* que ocorre essa reestruturação gráfica e há uma nítida relação de seu traço nas caricaturas e nas ilustrações com os logotipos das várias seções da revista.

Outro grande colaborador de *A Maçã* foi Calixto Cordeiro (1877-1957), ou simplesmente K.lixto. Começou a ilustrar para a imprensa em 1898 no *Mercúrio*. Formou, junto com Raul e J. Carlos, o chamado "trio de ouro" da caricatura brasileira. Dono de traço e espírito inconfundíveis, dominava todas as técnicas, incluindo a litografia. Sua obra é estimada em aproximadamente 150 mil desenhos. No início de sua colaboração em *A Maçã*, utilizou o pseudônimo de Lup, pois K.lixto colaborava também para periódicos como *Fon-Fon!*, *Careta*, *O Malho* e *A Maçã*, como vimos, era um pouco malvista.

Ivan, Angelus, Justinus e Romano foram figuras importantes na concepção gráfica da primeira fase da revista. Ivan, com um traço levíssimo, foi o responsável pelo primeiro projeto gráfico de *A Maçã*. Ele fazia ilustrações, bordas e figuras femininas com muita delicadeza e boa proporção. O único registro mais detalhado a seu respeito apareceu nas

Andrés Guevara

K.lixto

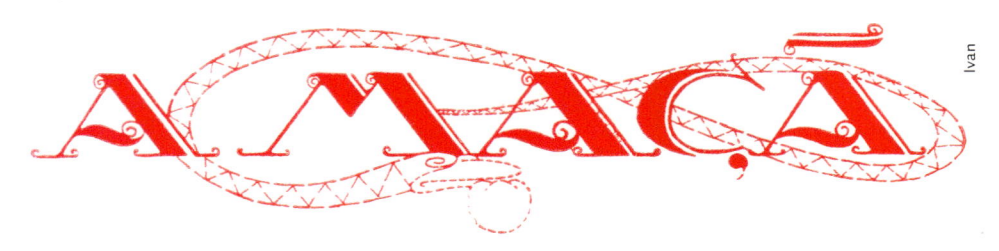

páginas da própria revista, na edição de 22 de março de 1924, na seção "Os artistas da casa", quando Ivan ganhou caricatura feita por Andrés Guevara:

Ivan era o pseudônimo de Manlius Mello. Nascido em 29 de setembro de 1900 no Rio de Janeiro, tinha horror à caricatura. Fazia trabalhos puramente decorativos. Em 1922, quando foi trabalhar n'*A Maçã*, Ivan já tinha um nome feito nas rodas artísticas. Desenhava figuras femininas com a delicadeza, a graça e a espiritualidade de J. Carlos. Possuía um desenho firme, seguro, perfeito, associado ao decorador inteligente e original de finura encantadora. Além do anúncio ligeiro e artístico, realizava trabalhos ornamentais, conjuntos decorativos que uniam a firmeza do lápis e a riqueza da imaginação. Decorador de interiores inteligente e prático, ampliou o ateliê do artista no estabelecimento do profissional. O seu studio na rua do Ouvidor é uma grande fábrica maravilhosa onde Ivan trabalha o dia todo e às vezes quase toda a noite, como máquina principal. E, à medida que trabalha,

Andrés Guevara

IVAN
(Ex-Principe Ivan Ivanovitch)

vão os seus desenhos se multiplicando, na ornamentação dos salões, dos gabinetes, dos escritórios, dos estabelecimentos comerciais, imprimindo à cidade um cunho artístico e fino, de elegância e gosto que, infelizmente, lhe faltava.

Escritor, Ivan vai pintar, em breve, com a pena, o seu primeiro volume de profissional. É a *Arte do desenho*, em que expõe os seus processos e estuda as origens da arte no Brasil. É, em suma, um grande e formidável trabalhador. Está vitorioso e rico. Apenas com uma diferença: é que o triunfo está à mão, e os mil e tantos contos que já ganhou estão ainda por receber.

Assinado: *Caran d'Ache* (*A Maçã*, nº 111, 22/3/1924)

Infelizmente não foram obtidos dados mais concretos a seu respeito. A menção encontrada na *História da caricatura no Brasil*, de Herman Lima (1963), apenas o descreve como um desenhista secundário. Por outro lado, percebem-se, nos desenhos de Ivan, características incomuns na época: a sistematização, a estruturação do desenho e a elaboração de ambientes, o que faz sentido, já que Ivan era também decorador.

Angelus colaborou com muitas vinhetas e algumas charges. Tinha um desenho dramático, muito expressivo e andrógino.

Ivan

Justinus colaborou com muitos periódicos, tendo trabalhado na revista *Brazilian American* com Correia Dias, de quem, segundo Herman Lima, recebeu certa influência. Tinha um traço pesado e firme.

Romano elaborava, sobretudo, *portrait-charges*. Além de colaborar com vários periódicos como *O Malho*, *Fon-Fon!*, *Revista da Semana*, *A Semana*, *D. Quixote*, *Jeca Tatu*, *Para Todos...*, *A Notícia*, *O Globo*, entre outros, ilustrou alguns livros.

A seguir, são citados os ilustradores que colaboraram com *A Maçã* entre 1922 e 1929: Angelus, Cunha Barros, K.lixto (Lup), Ivan, Genelício, Genélios, Paco, Leroy, V. E., G., Q. C., Sios, Justinus, Aldo, Romano, Itag, Jefferson, Andrade, Seth, Fritz, Raul, Belmonte, Gwapo, Gino, Andrés Guevara, Otto Sachs, Campos, Gyz, A. Voight, X.Pando, Haroldo, Alvarus, Valdes, Hérouard, Hemir, Malves, Lanza, Judith, Léo Poltin, Del Pino, Nanni. Para a maioria não há referência, talvez por utilizarem pseudônimos pelos quais não eram conhecidos.

Como cronistas, poetas e contistas destacam-se o próprio Humberto de Campos, Coelho Neto, Gilka Machado, Afrânio Peixoto, Medeiros e Albuquerque, J. M. Goulart de Andrade, Olavo Bilac, Menotti del Picchia, Bastos Tigre.

Entre os pseudônimos mais curiosos estão mme. Benedicta, Bico de Braza, Caliban, Almirante Justino Ribas, Ortigão, Luís Phoca, Senador Fulano, Absalão, Karlos Kobra, mme. Celina, João de Nápoles, A.R.Y., Frei Damião, Epandro, A. Tricot, Dr. Papafita, Batu-Allah, José Surdo (que tinha uma coluna sobre a Academia Brasileira de Letras chamada "O que eles não ouvem", Olho de Vidro, Coronel Khar Ona, Barão d'Oélle, entre outros.

Ao se realizar essa dissecação da revista *A Maçã*, vários pontos se destacam: seu aparecimento desconcertante, os projetos gráfico e literário realizados pelos ilustradores, diagramadores e pelo próprio Humberto de Campos, a afirmação como periódico galante — sucesso de público —, o crescimento empresarial e a preocupação com a constante atualização da linguagem artística da revista. *A Maçã* foi um projeto de design editorial que constantemente se inovou nas linguagens gráfica e literária enquanto Humberto de Campos a dirigia.

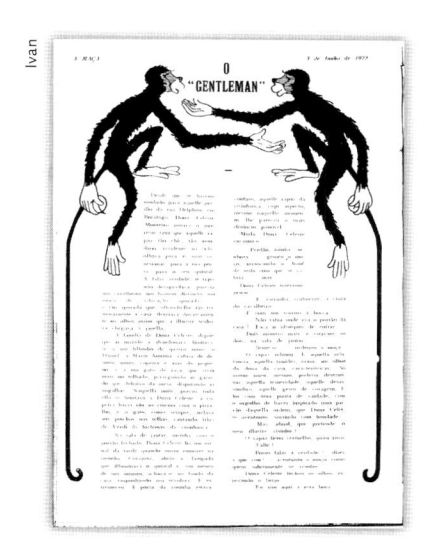

Num.
5
Anno I

A MAÇÃ

DIRECTOR: CONSELHEIRO X. X.

11
de Março
1922

A LEI DE NEWTON

A QUÉDA DA MAÇÃ

Des. de LUP

K.lixto

Capítulo 2

Autoria desconhecida

Rio de Janeiro • 1922

A modernidade se impõe ao passado colonial

A cidade

Os antigos construíram Valdrada à beira de um lago com casas reple-
tas de varandas sobrepostas e com as ruas suspensas sobre a água
desembocando em parapeitos balaustrados. Deste modo, o viajante
ao chegar depara-se com duas cidades: uma perpendicular sobre o lago
e outra refletida de cabeça para baixo. Nada existe e nada acontece
na primeira Valdrada sem que se repita na segunda, porque a cidade
foi construída de tal modo que cada um de seus pontos fosse refletido
por seu espelho, e a Valdrada na água contém não somente todas as
acanaladuras e relevos das fachadas que se elevam sobre o lago mas
também o interior das salas com os tetos e os pavimentos, a perspectiva
dos corredores, os espelhos dos armários. [...]
Às vezes o espelho aumenta o valor das coisas, às vezes anula. Nem
tudo o que parece valer acima do espelho resiste a si próprio refletido
no espelho. As duas cidades gêmeas não são iguais, porque nada do
que acontece em Valdrada é simétrico: para cada face ou gesto, há uma
face ou gesto correspondente invertido ponto por ponto no espelho.
As duas Valdradas vivem uma para a outra, olhando-se nos olhos con-
tinuamente, mas sem se amar (Calvino, 1991:53).

O registro que temos de um lugar nem sempre coincide com a imagem
que temos dele. Como imaginamos o que era o Rio de Janeiro em 1922? Como
as pessoas se relacionavam, se divertiam, trabalhavam? O registro feito por

cronistas, ilustradores, caricaturistas mostra um dia a dia muitas vezes próximo ao que vivemos hoje; nossa raiz cultural permanece.

A Proclamação da República resultou da conspiração que envolveu militares radicais, cafeeiros paulistas e políticos republicanos. As primeiras medidas tomadas foram a abertura da economia ao capital estrangeiro, sobretudo aos ingleses e americanos, a permissão para bancos estrangeiros emitirem moeda, uma nova lei liberal das sociedades anônimas e a criação de um moderno mercado de ações, centrado na Bolsa de Valores do Rio de Janeiro. A ideia das novas elites era promover uma industrialização imediata e a modernização do Brasil a qualquer custo. Essas medidas implicaram um fluxo inédito de capitais estrangeiros ingressando no país e uma enorme fraude especulativa no mercado de ações, chamada de *encilhamento*.

> Com isto, os grandes capitalistas que constituíram a elite econômica do Império foram arruinados, e os especuladores enriqueceram nos primeiros anos do novo regime (Sevcenko; 1998:14-5). Foram estes especuladores, junto com os cafeicultores do Sudeste, as principais bases sociais e econômicas de sustentação da elite científica e tecnocrática inspirada no rígido racionalismo positivista. A decepção dos ideólogos e entusiastas da tão sonhada República foi profunda, vendo a corrupção dessa nova classe que chegava ao poder. A ascensão destes *homens novos* coincidiu com a Abolição da escravidão (1888) e a desmobilização de enormes contingentes de escravos do Sudeste, que ocorreu em paralelo à vultosa imigração estrangeira, alterando os quadros hierárquicos e de valores sociais, na medida em que se consolidavam as práticas de trabalho assalariado e da constituição de um mercado interno mais dinâmico (Sevcenko; 1998:16).

A República havia trazido grandes expectativas de renovação política e de participação para setores da população antes excluídos do jogo político. Um mês após a Proclamação, um grupo de intelectuais cariocas liderado por José do Patrocínio enviou ao governo provisório um manifesto de apoio propondo a aliança entre os homens de letras e o povo, porém o novo regime demonstrou que o sonho de uma nova sociedade não se realizaria com a República (VELLOSO, 1996:37). A *belle époque* carioca inicia-se em 1898, quando Campos Sales assume o poder e o clima político se estabiliza. A elite, foco da maioria das mudanças no século XIX, é desafiada a vivenciar e a superar contradições: de um lado, a preservação da hierarquia social; de outro, o desejo de assimilação de novos modelos de comportamento, refinamento, novas oportunidades e interesses (NEEDELL, 1993:40-41).

No início do século XX, a população do Rio de Janeiro era pouco inferior a 1 milhão de habitantes. Destes, a maioria era composta de negros remanescentes de escravos, ex-escravos, libertos e seus descendentes, acrescidos de ex-escravos vindos das fazendas de café do Vale do Paraíba em busca de oportunidades de trabalho, sobretudo no porto. Essa população, extremamente pobre, concentrava-se em casarões do início do século XIX localizados no centro da cidade, em áreas próximas ao porto. Esses casarões foram se deteriorando em razão da grande concentração populacional, tendo sido redivididos em cubículos que abrigavam famílias inteiras em condições precárias de higiene e sem nenhuma infraestrutura básica. Para as autoridades, essas pessoas significavam uma ameaça permanente à ordem, à segurança e à moralidade públicas. Foram proibidos rituais religiosos, cantorias e danças, que eram associados à feitiçaria e à imoralidade. Além disso, essa população aglomerada na região central representava, para as autoridades, uma ameaça à saúde pública (SEVCENKO, 1998:21).

O Rio de Janeiro era o principal porto de exportação e de importação do país e, em um momento de intensa demanda por capitais, técnicos e imigrantes europeus, a cidade deveria ser um atrativo para os estrangeiros. No entanto, ao contrário, o Rio era considerado uma verdadeira armadilha em termos sanitários, pois a cidade abrigava sérios problemas: epidemias de toda espécie que vitimavam a população, principalmente os estrangeiros, o fantasma da varíola e da febre amarela que todo verão se espalhava pela cidade, mau cheiro, vendedores ambulantes, um porto antiquado que tornava impraticável o volume de transações comerciais, ruas sujas e superlotadas, e nenhum planejamento urbano (Sevcenko, 1998:22).

As autoridades conceberam a *regeneração* do Rio de Janeiro em três planos para solucionar esses problemas: modernização do porto, saneamento e reforma urbana. Os responsáveis nomeados por Rodrigues Alves para cada planejamento foram, respectivamente, o engenheiro Lauro Müller, o médico sanitarista Oswaldo Cruz e o engenheiro urbanista Pereira Passos. Os três tiveram poderes ilimitados para executar suas tarefas, tornando-se imunes a qualquer ação judicial. Como era previsto, eles se voltaram contra os casarões do centro da cidade que concentravam a população mais pobre (Sevcenko, 1998:22-23).

Pereira Passos foi a figura que polarizou todo o planejamento da reestruturação do Rio de Janeiro. Formou-se em engenharia na École Nationalle des Ponts et Chaussées e chegou a participar de trabalhos de campo em Paris. Trazia em toda a sua formação o ideal de *civilidade europeia* e estava certo de poder aplicá-lo no Brasil. Acompanhou de perto a reforma estrutural em Paris comandada por Haussmann (1853-1870), por meio da qual a cidade se modernizou. Ruas foram alargadas, bairros inteiros superpovoados pela classe operária foram demolidos; queria-se levar luz e ar à cidade. O objetivo era embelezar Paris de modo que houvesse uma unidade entre eficiência e beleza, e isso ficou na imaginação de Pereira Passos (Needell, 1993:55-56), de volta ao Brasil em 1860. Durante o período do Império e no início do governo republicano, os principais investimentos foram em obras de infraestrutura, transporte coletivo e parques.

> No governo de Rodrigues Alves, Pereira Passos, então com 70 anos, foi
> nomeado prefeito e tinha plenos poderes para reestruturar a cidade,

de forma que a capital se tornasse *civilizada*. Cabe lembrar que *Civilização* para os brasileiros do século XIX era equivalente a *França* e *Inglaterra*. A equipe montada para reformulação da cidade, composta por engenheiros, arquitetos, médicos, tinha como objetivo transformá-la em uma cidade moderna, em pé de igualdade com as capitais europeias (Paris e Londres). As reformas claramente baseadas nas reformas de Paris o foram de propósito. (NEEDELL, 1993:55)

A influência de Haussmann foi consciente e bem fundamentada, os princípios que o orientaram foram adaptados ao Rio, evidenciando-se a presença do ecletismo. A adoção dos estilos arquitetônicos, a visão da avenida em perspectiva, os grandes edifícios, todos os aspectos parisienses foram primordiais para definir o imaginário da *belle époque* carioca.

A avenida Central é mais que uma avenida, é o monumento ao progresso do país que expressa melhor a *belle époque* no Rio de Janeiro. O responsável pela construção da avenida foi o engenheiro Paulo de Frontin, que assegurou que ela se transformasse em uma vitrine da civilização. Seguindo Haussmann, estipulou a altura e a largura de cada fachada e determinou que os projetos fossem submetidos a um júri. As fachadas eram acima de tudo um elogio carioca ao ecletismo francês, a expressão consagrada da École Nationalle Supérieure des Beaux-Arts

(NEEDELL, 1993:62). Todo o simbolismo e o impacto provocados foram planejados, e o imaginário popular era dominado pelos novos edifícios do Theatro Municipal (1909), do Palácio Monroe (1906), da Biblioteca Nacional (1910) e da Escola Nacional de Belas Artes (1908). Mesmo não havendo, em alguns edifícios, coerência plena entre a arquitetura da fachada e seu interior, essas construções transmitiam aos brasileiros a sensação de *civilização* (NEEDELL, 1993:66; BENCHIMOL, 1990; DEL BRENNA, 1985). *O Rio civiliza-se*, segundo a frase célebre de Figueiredo Pimentel. No entanto, para realizar isso tudo, foi necessário sumir — literalmente — com aquela gente que ocupava a região central da cidade. Quando teve início o processo de demolição dos casarões do Centro, não houve nenhum tipo de indenização para as famílias que moravam ali. A alternativa dessas pessoas foi juntar o que tinham e ir para as encostas dos morros construir seus barracos. Foi o início das favelas (SEVCENKO, 1998:22).

Como essas mudanças eram percebidas? A elite celebrava o que era feito e o que era desfeito. A fantasia de civilização tornou-se concreta para os cariocas. Acreditava-se que as reformas seriam suficientes para uma profunda modificação nos modos de agir e pensar dessa nova sociedade. À medida que se realizavam por meio da europeização, essas crenças e fantasias de civilização denunciavam um elemento traiçoeiro em si: a negação de tudo o que fosse efetivamente brasileiro. A nova elite carioca entendia que, ao abraçar a *civilização*, deveria deixar para trás o que muitos viam como um passado colonial e atrasado (NEEDELL, 1993:66). A reforma feita por Pereira Passos vinha ao encontro do que se entendia por uma feição mais compatível com o Rio de Janeiro — centro político e financeiro, com o maior contingente populacional e consumidor do país, e centro cosmopolita —, que até então mantinha traços de uma cidade colonial (GOMES, 1994:104).

A remodelação urbana do Rio de Janeiro da *belle époque* que se preparava para entrar na era moderna alterou não apenas o perfil e a ecologia urbanos mas também o conjunto de experiências de seus habitantes. Por outro lado, nos bastidores desse cenário, penetra a crítica que lê a cidade real — confrontando o feio e o belo, o cômico e o trágico, a loucura e o lógico. Um dos principais críticos desse período foi Lima Barreto, que, vivendo na periferia da cidade, denuncia as mazelas que resultam da metamorfose da vida carioca a caminho do cosmopolitismo identificado com o modelo parisiense (GOMES, 1994:105-106).

O cronista João do Rio também descreve a transformação da cidade. Embora tivesse um encantamento com a modernidade e suas novidades, lamentava as demolições realizadas no Rio de Janeiro para dar lugar a novos prédios e avenidas. Era o que ele chamava de *operação de cirurgia urbana*, que ia modificando totalmente o Rio de outrora (GOMES, 1994:113). Constata a descontinuidade entre o passado e o presente, e observa que apenas as lembranças concretizadas na literatura manterão de pé aquilo que foi demolido. João do Rio afirma ainda que são o característico, o local, o típico, o exótico de cada cidade que legitimam a identidade — que o cosmopolitismo viria derrubar. O progresso e a modernização nivelam cidades, almas, gostos, costumes, moda e apagam as diferenças (GOMES, 1994:113).

> O rio, cidade nova — a única talvez no mundo —, cheia de tradições, foi-se delas despojando com indiferença. De súbito, da noite para o dia, compreendeu que era preciso ser tal qual Buenos Aires, que é o esforço despedaçante de ser Paris, e ruíram casas, e estalaram igrejas, e desapareceram ruas e até ao mar se pôs barreiras. Desse descombro surgiu a urbs conforme a civilização, como ao carioca bem carioca, surgia da cabeça aos pés o reflexo cinematográfico do homem das outras cidades. Foi como nas mágicas, quando há mutação para a apoteose (RIO APUD GOMES, 1994:113).

A *regeneração* foi concluída no fim de 1904, e seu marco foi a inauguração da avenida Central, atual avenida Rio Branco, eixo do novo projeto urbanístico, com suas fachadas ecléticas, lampiões de iluminação elétrica e as vitrines ornadas com artigos importados.

A virada de 1910 para 1920 também foi uma época em que eclodiram grandes greves nas principais cidades do país. O movimento operário ganhou força e reivindicava melhores condições de vida e de trabalho (OLIVEIRA, 1996). Em meio a isso tudo, aproximava-se o Centenário da Independência e teve início uma grande campanha por parte de vários jornais cariocas com o objetivo de pressionar o governo a realizar uma grande comemoração. Assim, o Rio de Janeiro sediaria a primeira exposição universal do pós-guerra (OLIVEIRA, 1996). A economia do país não ia muito bem em 1920, mas isso não impediu o governo federal de preparar um evento grandioso. O então presidente, Epitácio Pessoa, nomeou um técnico de renome para a prefeitura do Distrito Federal: o engenheiro Carlos Sampaio, que deveria sanear e embelezar a cidade (OLIVEIRA, 1996).

Em pouco tempo, o novo prefeito projetou um amplo programa de obras que previa, entre outras ações, a derrubada do morro do Castelo, núcleo original da cidade do Rio de Janeiro. O projeto de demolição gerou debate acalorado na imprensa. Para alguns, era uma medida necessária; o morro deveria ser retirado e, em seu lugar, seriam erguidos os pavilhões da exposição. Para outros, porém, a derrubada do morro era um desrespeito à memória da cidade, pois ali se localizavam antigas igrejas e jaziam os restos mortais de Estácio de Sá, fundador do Rio de Janeiro. O morro foi quase totalmente demolido, restando apenas a ladeira da Misericórdia. A polêmica indicava a discussão que envolvia os destinos da República brasileira: o que conservar e o que transformar? (OLIVEIRA, 1996).

Apesar de todo o confronto que revelava a intensidade das transformações em curso e suas resistências, a consolidação do novo regime se deu em uma atmosfera de euforia e de ostentação. Passados os primeiros momentos da transição da ordem militar para a civil, do marechal Deodoro ao fim do mandato de Prudente de Morais, as turbulências deram lugar ao saneamento financeiro do presidente Campos Sales, resultando em certa estabilidade. No plano político, foi articulada a chamada *política dos governadores*, segundo a qual apenas os candidatos aliados à bancada situacionista no Congresso teriam seus diplomas eleitorais reconhecidos. Por meio do Convênio de Taubaté (1904), foi criado um favorecimento cambial arbitrário à cafeicultura, que fundou as bases da política *café com leite*, pela qual os estados mais populosos e ricos, São Paulo e Minas Gerais, imporiam sua hegemonia de forma praticamente contínua até 1930 (Sevcenko; 1998:32-33).

Na *belle époque* brasileira, que abrange o período da virada do século XIX para o XX até o fim da Primeira Guerra Mundial, ampliam-se as exportações para as nações em guerra e surgem novas indústrias para substituir parte do que se importava. Essa época abrangeria, *grosso modo*, de 1900 a 1920 e assinala a introdução no país de novos padrões de consumo, promovidos por uma onda de reclames publicitários e a importante interação entre as revistas ilustradas, a difusão de práticas desportivas, a criação de um mercado fonográfico e a popularização do cinema. De 1920 a 1930, o regime começa a entrar em colapso, até a deposição do último presidente paulista e a ascensão de Getúlio Vargas. Os preços do café não se sustentam mais no mercado internacional, e as práticas especulativas dos cafeicultores causam o acúmulo de estoques, que, no final, seriam queimados sob o efeito da crise mundial de 1929 (Sevcenko; 1998:36-37).

Arte e cultura: o modernismo no Rio de Janeiro

É comum associarmos o início do movimento modernista à Semana de Arte Moderna de São Paulo, em 1922. Na verdade, as transformações que vinham ocorrendo desde o fim do século XIX já apontavam para o estabelecimento do marco modernista no Brasil. Para entender sua instauração, é necessário avaliar como a ideia de modernidade foi vivenciada, sentida e posta em prática pelos intelectuais brasileiros. Dessa maneira, pode-se ter uma visão de como os valores da *belle époque* se entrecruzam e se metamorfoseiam em valores modernistas, formando um novo imaginário, capaz de impulsionar um dos mais importantes movimentos culturais de todos os tempos.

A questão moderna é um dado fundamental na produção cultural nos primeiros anos do século XX, e não uma súbita descoberta do grupo de São Paulo por volta da década de 1920 (SÜSSEKIND, 1987). A análise da modernidade não pode dispensar o confronto/embate com a nova paisagem urbana. No início desse século, com o surgimento de novos padrões de consumo, o desenvolvimento da publicidade, os novos inventos tecnológicos, há uma verdadeira reviravolta na percepção e vários confrontos entre a tradição e o desejo pelo novo — por exemplo, entre literatura e jornalismo, fotografia e pintura, belas-artes e artes comerciais. A polêmica sobre os rumos da arte e o papel do artista na sociedade moderna está inscrita no próprio processo de instauração da modernidade (VELLOSO, 1996:24).

João do Rio e Lima Barreto, que de forma distinta escreviam sobre a vida cotidiana, já trazem essa postura moderna de olhar a vida nas ruas e confrontá-la com o contraditório afrancesamento carioca. Monica Pimenta Velloso relata que havia entre alguns intelectuais um sentimento de exclusão social e que estes se recusavam a construir uma imagem europeizada do Rio de Janeiro. Muitas vezes os intelectuais buscam criar uma "cidade ideal" fora dos controles institucionais, já que a maioria estava descontente com a República que se havia instalado. Diz ainda que muitos intelectuais brasileiros, a exemplo dos franceses Baudelaire e Toulouse-Lautrec, se debruçam no submundo na tentativa de captar nas ruas um "padrão de sociabilidade alternativo". Essa relação orgânica com a cidade é muito importante, pois, na vida social carioca, a rua é a arena do confronto, local do trabalho ambulante, do convívio social, da ajuda mútua e da troca de informações. É, portanto, nas ruas que uma parte da intelectualidade procura reconstruir a história da cidade (VELLOSO, 1996:27-28).

Diante das questões de europeização da cultura carioca, há algo que incomoda e questiona: pois afinal será esta a cultura brasileira realmente? Parecia ser para a elite, até que, com o estopim da Primeira Guerra e suas consequentes devastações na Europa, desmorona também essa ilusão de uma cultura perfeita e de harmonia idealizada durante toda a *belle époque*. Foi então que começou a se vislumbrar o futuro no continente americano, consolida-se o conceito de nação e há certo otimismo entre a elite. Muitos intelectuais, porém, levantam a questão de conhecer muito bem a cultura europeia, particularmente a francesa, e não conhecer a cultura existente no próprio país (VELLOSO, 2000b:30). A modernização do Brasil se deu de forma desigual, ocorrendo sobretudo no Rio de Janeiro e em São Paulo. O Rio concentrava a produção cultural, tendo convergido para a cidade muitos intelectuais de outras regiões do país. Na década de 1920 inicia-se uma nova maneira de pensar o Brasil, seja experimentando uma nova linguagem, valorizando a memória nacional, seja estudando nossas raízes étnicas e culturais (VELLOSO, 2000b:35).

As revistas ilustradas na virada do século

Desde meados do século XIX, com as inovações técnicas que permitiram o uso ampliado da gravura e, por sua vez, do desenho, a imprensa brasileira ganhou um impulso que gerou uma série de "folhas" ilustradas. Esses veículos tinham geralmente um caráter crítico e humorístico; dessa forma, o humorismo gerou a caricatura que, no Brasil, parece datar de 1837, quando ainda apareciam como peças avulsas (SODRÉ, 1999:203; LIMA, 1963:71). Foi Henrique Fleiuss (1824-1882) quem lançou, em dezembro de 1860, no Brasil, a primeira revista humorística ilustrada com caricaturas, a *Semana Ilustrada*, que existiu até 1876, quando surge a *Revista Ilustrada*, de Angelo Agostini (1843-1910). Somente depois de seu aparecimento começaram a proliferar outras do mesmo tipo, embora a maioria com vida efêmera. Quase todas se dedicavam sobretudo à política, sendo oposicionistas e agressivas. A liberdade então atribuída à imprensa criou o terreno propício ao desenvolvimento dessa arte (LIMA, 1963:95).

A liberdade de imprensa viera no Primeiro Império e aumentara no Segundo graças ao regime parlamentar e ao espírito liberal do monarca. Pedro II concedeu atuação ampla e livre ao jornalismo durante todo o seu longo governo, e o jornal, abusando dessa regalia, acabou por alavancar a campanha republicana (Lima, 1963:95).

Uma das principais transformações por que passou a imprensa brasileira na virada do século foi o início da utilização de processos fotoquímicos de reprodução. Isso se dá, de fato, a partir de 1º de maio de 1900, quando começa a circular a *Revista da Semana*, de Álvaro de Tefé. Até então os processos de reprodução mais comuns eram a litografia, em que se desenhava diretamente sobre pesadas pedras e de forma invertida, e a gravura em cobre ou zinco. Na virada do século intensifica-se o número de publicações periódicas, especialmente as revistas. O fato reflete o anseio de informação de um público urbano crescente e a emergência de uma classe média com interesses culturais mais definidos. O Rio de Janeiro propiciou o surgimento das mais importantes revistas da época. Elas traduziam uma nova linguagem, mais ágil e atraente, destinada a obter uma comunicação mais eficaz (Velloso, 1996:56).

Observa-se o nascimento do que se transformaria em uma tradição na vida cultural carioca. As revistas passam a fazer parte do cotidiano de um público crescente, ditando a moda, dando conselhos e impulsionando uma indústria do passatempo.

Design, indústria e consumo

No Brasil, bem como no restante do mundo, a nova sociedade urbana organizou-se em torno do ideal de ordem e progresso, indústria e civilização. O design fez parte dessa reconfiguração da vida social, contribuindo para projetar a cultura material e visual da época. Contudo, embora as atividades projetuais já fossem exercidas plenamente na primeira era industrial, não se pode dizer o mesmo sobre a existência de uma consciência do papel do design como campo profissional. O trabalho do designer pode ter surgido organicamente do processo produtivo e da divisão de tarefas; sua consagração, porém, não viria do lado da produção, mas sim do consumo. "Foi o reconhecimento proporcionado pelo consumidor moderno que projetou o designer para a linha de frente das considerações industriais" (DENIS, 2000:26).

Ao longo do século XIX, industrializaram-se França, Estados Unidos, Alemanha e algumas regiões de outros países, incluindo o Brasil. Com base em novas estratégias de organização do trabalho e no crescente ritmo das inovações tecnológicas, grandes fábricas substituíram aos poucos as pequenas oficinas (DENIS, 2000:27). Um dos aspectos mais interessantes da transição da fabricação nas oficinas para a industrial está no uso de modelos como base para a produção em série. Já existia uma convicção de que a divisão de tarefas permitia acelerar a produção por meio de uma economia do tempo gasto em cada etapa. A divisão de tarefas permitia ainda ao fabricante maior controle sobre a mão de obra. Separando os processos de concepção e execução, e desdobrando esta última em muitas pequenas etapas de alcance restrito, eliminava-se a necessidade de empregar trabalhadores altamente capacitados tecnicamente. Em vez de contratar muitos artesãos habilitados, bastava um bom designer para projetar, um bom gerente para supervisionar a produção e um grande número de operários sem qualificação para executar as diversas etapas. Os míseros salários pagos aos operários compensavam os altos salários dos dois primeiros profissionais. Assim, a produção em série com base em um projeto representava para o fabricante uma economia de tempo e de dinheiro (DENIS, 2000:28).

A modernização da imprensa e a presença das revistas ilustradas no cotidiano

Em meados do século XIX, há no Brasil um nítido processo de declínio do Império em virtude de vários fatores que culminam em um sentimento de atraso em relação às nações desenvolvidas que nos serviam de modelo, como Inglaterra, França e Estados Unidos. O fim da escravidão, da Guerra do Paraguai e o movimento republicano brasileiro fundamentado no pensamento positivista resultaram em um Brasil que entraria no século XX progressista e republicano. Esse panorama social em que a imprensa está inserida possibilita, sobretudo a partir de 1880, o surgimento de uma série de revistas ilustradas com posturas diversas e bem definidas.

Modernização na imprensa: novas tecnologias, novos conceitos

O horizonte técnico que serviria de pano de fundo para a produção literária desse período se define no Brasil sobretudo a partir do fim da década de 1880. A modernização trazida pela industrialização propiciou a ampliação ferroviária, o uso da iluminação elétrica nos teatros (gerador no Teatro Lucinda, no Rio de Janeiro, em 1887), a adoção sistemática da tração elétrica nos bondes (empresa Botanical Garden, 1894), o surgimento dos primeiros balões e aeroplanos, o número crescente de automóveis em circulação nas grandes cidades do país (de seis, em 1903, para 35 em 1906), a difusão da fotografia, da telefonia, do cinematógrafo e do fonógrafo. A introdução de novas técnicas de registro sonoro e de impressão e reprodução de textos, desenho e fotografias, a expansão da prática do reclame se constituíram em fatores decisivos para a configuração da modernidade incipiente (SÜSSEKIND, 1987:29). A introdução do linotipo em 1886, que utilizava o método de fundição de tipos compondo linhas inteiras, completou o longo processo de mecanização da indústria gráfica, e as diversas técnicas de impressão fotográfica criadas nas décadas seguintes abriram novas possibilidades de relacionar imagens e textos (DENIS, 2000:42).

A *Gazeta de Notícias* teve papel fundamental no desenvolvimento da indústria gráfica; iniciou, na imprensa, o serviço de zincografia. Com Julião Machado na própria *Gazeta de Notícias*, deu-se o aparecimento quase simultâneo de três artistas que dominariam durante quase meio século o campo da sátira gráfica: Raul Pederneiras (Raul), Calixto Cordeiro (K.lixto) e J. Carlos.

> Em julho de 1907, já na fase da fotografia, a *Gazeta de Notícias* iniciou a publicação de *clichês* em cores em papel acetinado, com máquina rotativa, publicando aos domingos charges em tricromia, com a ajuda de artistas estrangeiros, Apolo Pauny, pintor, e Júlio Raison, litógrafo, culminando em 1912 com as sátiras ilustradas de Calixto ao governo Hermes da Fonseca (SODRÉ, 1999:300).

Começa-se a constituir, nas grandes cidades brasileiras, uma nova sociedade de consumo e, com isso, há um crescimento das tiragens e do número de páginas. Há a necessidade de agilizar a distribuição, baratear a produção e possibilitar melhor acabamento gráfico para as folhas. Na verdade, acompanha-se, na virada do século, a transformação do jornal em uma empresa industrial de porte. Essa industrialização lança os jornais na direção de um público de massa, algo que, no Brasil do início do século XX, apresentava certas dificuldades, sobretudo pelo alto índice de analfabetismo (SÜSSEKIND, 1987:72-73).

De acordo com Brito Broca, importante crítico literário do início do século XX, na segunda fase da modernização, que vai de 1900 em diante, os jornais, sem desprezar a colaboração literária, privilegiariam cada vez mais os noticiários e as reportagens. As notícias policiais, que antes não mereciam mais que algumas linhas, agora ocupam um bom espaço; surge o noticiário esportivo, até então inexistente; tudo isso no intuito de servir o gosto mais mundano do público que começava a se expandir. Como consequência, os jornais pediam menos colaboração literária — crônicas, contos ou versos — que reportagens, noticiário, tarimba de redação (Brito Broca, 1956:207).

Entre as inovações da imprensa no início do século XX com relação à literatura, podemos distinguir as seguintes: decadência do folhetim, que evoluiu para a crônica de uma coluna com foco apenas em um assunto, e daí para a reportagem; emprego mais generalizado de entrevista, muito pouco utilizada antes de 1900; e crítica literária em caráter mais regular e permanente. Tudo isso decorreu da evolução da imprensa. As folhas ganhavam um caráter mais informativo e, assim, utilizavam aqueles meios mais diretos de informação. Tornando-se mais leves, os jornais passaram a solicitar crônicas mais curtas e vivas, condizentes com as exigências da paginação, em vez dos folhetins, que atravancavam o texto. Quanto à crítica literária regular — uma vez por semana na maioria dos casos —, atendia às mesmas necessidades modernas da imprensa: orientar os leitores sobre o que se publicava no mundo das letras. Para Brito Broca, "essas inovações eram incrementadas pelo sensacionalismo que começava a tomar corpo no meio. Era um tempo em que a vida dos autores se tornava mais interessante do que suas obras" (Brito Broca, 1956:209).

De acordo com o depoimento de Brito Broca, a partir de 1907, a *Gazeta de Notícias* inicia um processo para suavizar o feitio pesado do jornal, utilizando até mesmo a impressão de páginas coloridas. Aos domingos, havia uma espécie de suplemento literário; ilustrações coloridas e fotografias adornavam um texto em que figurava sempre o "Cinematógrafo, de Joe", com comentários dos dias da semana, alguns poemas, um conto e artigos nem sempre de escritores brasileiros. Havia ainda a seção "Binóculo", de Figueiredo Pimentel, como registro da vida mundana carioca. A seção continuou por alguns anos, mesmo depois da morte de Pimentel, que criou com o "Binóculo" um gênero de seção jornalística semelhante à atual coluna social. Desde então, os jornais nunca mais dispensaram o que se chamou a "cabeça das sociais", uma crônica leve, fútil ou lírica como introdução às notícias de aniversário, noivado, casamento.

Muitos escritores haviam de fazer um estágio nessa seção, que quase sempre estava nos limites da subliteratura (BRITO BROCA, 1956:209).

Fin-de-siècle: as novas formas assumidas pela modernidade

De acordo com a análise de Brito Broca, a industrialização não vinha trazendo prejuízos sensíveis para a vida literária. A maioria dos jornais do Rio de Janeiro continuava a acolher e a pagar colaborações literárias. O *Jornal do Commercio* remunerava muito bem para a época. Essas colaborações eram uma segunda forma de sustento para os intelectuais, com base na qual viabilizavam suas atividades de escritor. A imprensa propiciou a mudança para a metrópole de grande número de intelectuais que não conseguiriam realizar-se literariamente se permanecessem no interior (BRITO BROCA, 1956:205).

O período que vai de 1870 a 1922, quando temos o início dos movimentos modernizantes no Brasil, é tido pelos críticos modernistas como afetado e superficial, apesar de sua popularidade. Há uma febre de mundanismo que o Rio começa a viver e que se reflete nas relações literárias. Destaca-se, como cronista da vida nas ruas, o escritor e jornalista João do Rio. Em suas crônicas, o autor se mostra bastante confortável em relação à modernidade e se relaciona encantado com o avanço tecnológico. Já Olavo Bilac, de forma contraditória, colaborou por cerca de trinta anos em revistas e jornais, e parecia desprezar o ofício de cronista e o próprio público leitor de jornais e revistas. Lima Barreto tematizava a imprensa e os artefatos mecânicos modernos sempre de um ponto de vista crítico. Os três são alguns dos exemplos mais importantes.

Olavo Bilac fez da imprensa seu principal meio de vida:

> Hoje não há jornal que não esteja aberto à atividade dos moços. O talento já não fica à porta de chapéu na mão, triste e encolhido, vexado e em

farrapos, como mendigo tímido que nem sabe como pedir a esmola. A minha geração, se não teve outro mérito, teve este que não foi pequeno: desbravou o caminho, fez da imprensa literária uma profissão remunerada, impôs o trabalho. Antes de nós Alencar, Macedo e todos os que traziam a literatura para o jornalismo eram apenas tolerados: só o comércio e a política tinham consideração e virtude (Brito Broca, 1956:206).

Nesse período, há uma nítida decadência da boemia em virtude de, segundo o depoimento de Brito Broca (1956), dois fatores principais: desenvolvimento e remodelação da cidade, e a fundação da Academia Brasileira de Letras. Com a abertura da avenida Central, houve o deslocamento das concentrações existentes em diferentes pontos da rua do Ouvidor, que abrigava diversos grupos de subsistência dos boêmios. A popularidade desses boêmios diminuía com o constante crescimento da cidade. Percebe-se também certo refinamento de modos dos escritores que esperavam ingressar na Academia Brasileira de Letras. Escritores que apresentassem alguma falha em seu comportamento estariam vetados na Academia, pelo menos enquanto ela estivesse sob a liderança de Machado de Assis.

Os literatos tiveram ampla participação no jornalismo e nas revistas do *fin-de-siècle*. O período que vai de 1898 a 1914 trouxe sofisticação e tecnologia para a imprensa. O público que consumia os periódicos se constituía de um número restrito de leitores da elite e alguns poucos da classe média, estudantes e literatos, os únicos que tinham tempo, dinheiro e interesse em obter uma cultura superior. O leitor fora educado dentro dos padrões franceses, e seu gosto era o espelho dessa educação. Além disso, a tradição "francófila" só aumentava no decorrer do século. A elite já incorporava o uso do francês e consumia francamente a literatura francesa na língua original ou traduzida. Podem-se acrescentar à influência da educação, da tradição e da moda a própria imprensa e o comércio livreiro. Os editores, tipógrafos e livreiros do Rio eram, em sua maioria, franceses e promoviam obras e periódicos franceses, bem como o estilo francês nos periódicos cariocas no que se refere a formato, ilustrações e conteúdo (NEEDELL, 1993:230).

Brito Broca comenta ainda que João do Rio foi um dos que se amoldaram à nova exigência da imprensa e fizeram da reportagem um gênero literário, vindo assim a servir simultaneamente ao jornalismo e à literatura. Nem todos, porém, se adaptavam à situação ou se submetiam a ela; daí o protesto contra o chamado "abastardamento da inteligência", o qual muitos preferiam à esterilidade das mesas de café e aos expedientes da boemia. Já que o jornal não acolhia seus sonetos ou contos, não se conformavam em substituí-los pela reportagem ou pelo noticiário como redatores anônimos. Medeiros e Albuquerque expôs a questão em termos muito claros:

> É certo que a necessidade de ganhar a vida em misteres subalternos de imprensa (sobretudo o que se chama de cozinha dos jornais; a fabricação rápida de notícias vulgares), misteres que tomam muito tempo, pode impedir que os homens de certo valor deixem obras de mérito. Mas isso lhes sucederia se adotassem qualquer outro emprego na administração, no comércio ou na indústria... O mal não é do jornalismo: é do tempo que lhes toma um ofício qualquer, que não os deixa livres para a meditação e a produção (BRITO BROCA, 1956:205).

Podia concluir que, em um país como o Brasil, em que ninguém na época encontrava meios para viver da própria produção literária, sendo necessário recorrer a outro emprego qualquer, o jornalismo não prejudicava a literatura. "Dessa forma, era melhor alinhavar notícias, forjar reportagens a reproduzir o quadro lendário do poeta morrendo de fome" (BRITO BROCA, 1956:205).

Outro escritor que atuou intensamente na imprensa foi Humberto de Campos, que iniciou sua carreira no Rio de Janeiro, em 1912, no jornal *O Imparcial*. Fascinado por estar na capital da República e entre os escritores que tanto admirava, teve em Coelho Neto seu maior amigo e colaborador. Além de *O Imparcial*,

Humberto de Campos colaborava com versos e crônicas para folhas e revistas de grande circulação. Especula-se que Humberto de Campos se tornou inimigo de João do Rio, muitas vezes fazendo comentários que aludiam à vida pessoal desse cronista, o que resultou em uma grande rivalidade entre eles.

Humberto de Campos se elegeu deputado federal pelo Maranhão sem muito destaque, mas suas crônicas refletiam sua postura política. Defendia a reforma agrária, a distribuição mais igualitária de renda e se posicionava a favor da revolução socialista na Rússia em 1917, mesmo pensando que não seria adequada em um país como o Brasil, onde o povo precisava mais de pão do que de liberdade. Por volta de 1928, descobriu que estava com uma grave doença, uma hipertrofia da glândula hipófise e, daí para a frente, sofreu de forma brutal, perdendo aos poucos a visão e os movimentos dos membros. Em 10 de dezembro de 1934, escreveu seu último artigo, despedindo-se de seu grande amigo Coelho Neto, que havia morrido em 28 de novembro. Uma semana depois, foi Humberto de Campos quem morreu, em 5 de dezembro, deixando uma legião de fãs.

Novas profissões que surgem

No cenário do início do século XX, surge um novo profissional no Brasil: o agenciador de anúncios. As possibilidades de profissionalização com as quais acenava o ramo publicitário não seduziram apenas imigrantes empreendedores ou negociantes dos diversos ramos. Muitos dos homens de letras mais conhecidos no Brasil, no início do século XX, não hesitaram em aceitar o papel de "homens-sanduíche" também. Olavo Bilac, Emílio de Menezes, Hermes Fontes e Bastos Tigre são alguns dos que mergulharam de cabeça na redação de quadrinhas e de sonetos de propaganda. Bastos Tigre foi um dos que mais se destacaram; atendia a diversos anunciantes: Confeitaria Colombo, Cafiaspirina

Bayer, Cigarros York, Magazine Notre Dame, Drogaria V. Silva, Cervejaria Fidalga. "São dele slogans conhecidos até hoje, como: Se é Bayer é bom" (Süssekind, 1987:58).

O novo papel desempenhado pelos homens de letras nessas profissões emergentes demonstra a adequação deles às novas formas de comunicação que pretendiam atingir um público com um grau de exigência maior em relação ao apelo dos produtos. As marcas se fortalecem, e a comunicação passa a ser mais sedutora. Da mesma forma, são criadas campanhas e slogans; esse momento pode ter sido propício também para a formação de um profissional cuja atividade se aproxima do design — planejamento gráfico, projetos de identidade visual, embalagens, diagramação de textos e imagens etc.

Uma nova mídia

> Para atrair o público, a literatura procura valer-se da fotografia, das ilustrações, identificando-se tanto quanto possível com os motivos sociais e mundanos, nas revistas de época.[...] Os escritores superestimavam essa modernização da cidade [*era do automóvel*], atribuindo ao Rio, em contos, romances e crônicas, ambientes e tipos que na realidade aqui não existiam. E os requintes de civilização, prevalecendo na parte urbana da metrópole, iam fazendo naturalmente com que os velhos costumes recuassem para a zona suburbana. Começaria a acentuar-se, um certo *antagonismo* entre a "cidade", os bairros aristocráticos, de gente fina, dos "supercivilizados", e o subúrbio com sua pequena burguesia, de costumes simples — antagonismo que a obra de Lima Barreto constituiria uma admirável ilustração (Brito Broca, 1956:15-16).

Em meados do século XIX, as revistas assumiram importância crescente como fonte de informação, atualização e incentivo à polêmica. Sua capacidade de intervenção mais rápida e eficaz na sociedade torna-se inegável, como afirma Monica Pimenta Velloso (2000). Entre a virada do século XIX e o início do século XX, cresceu consideravelmente o número de periódicos, sobretudo de revistas. O fato reflete o anseio de informação de um público urbano crescente e a emergência de uma classe média com interesses culturais mais definidos. A comunicação imediata conseguida pelas revistas ilustradas era importante, pois o Brasil tinha um alto índice de analfabetismo e a transmissão da informação representava um problema. O diálogo entre imagem e técnica pictórica se estenderia à linguagem jornalística e à produção literária. A subserviência do texto à imagem se tornaria um traço característico das revistas ilustradas brasileiras na virada do século.

Percebemos claramente a importância que se dava à ilustração. Esta criava verdadeiros códigos, podendo-se identificar o direcionamento da revista por suas ilustrações. Dessa forma, podemos relacionar determinadas revistas com seu público e, em consequência, com sua subjetividade. As linguagens desenvolvidas nas revistas ilustradas ultrapassam questões de inovação e de criatividade gráfica — tecnicamente — para serem visualizadas também em termos conceituais. Havia um projeto gráfico — um design — que não era ingênuo; pelo contrário, trazia uma proposta gráfica pensada em termos visuais e conceituais.

> No limiar deste século, com o desenvolvimento das artes gráficas e da reportagem, o lápis do caricaturista não bastará para dar todo o interesse ilustrativo a um periódico; surgirá então um elemento novo na imprensa: o fotógrafo (BRITO BROCA, 1956:216).

Em janeiro de 1904, as artes gráficas no Brasil já têm condições para realizar uma revista como a *Kósmos*, talvez a mais característica desse início de século. Para realizar uma revista como essa era necessário reunir, em suas oficinas, os mais variados ramos das artes gráficas, que nos centros mais adiantados constituíam uma verdadeira especialidade. Sendo assim, a direção da *Kósmos* enfrentou muitas dificuldades no Brasil do início do século XX, em um meio muito mal aparelhado.

Embora dando margem à nota mundana e social, a *Kósmos* seria uma revista de cultura com o predomínio da parte literária e artística — coincidindo seu aparecimento com a abertura da avenida Central. A revista se destaca pela utilização que fazia de ilustrações e de recursos fotográficos relegando o texto, às vezes, a um plano secundário, o que marca as reportagens, crônicas e contos publicados.

Em 1902, começava a circular *O Malho*, de conteúdo humorístico, que, a partir de 1904, torna-se também político. Ao longo de sua existência, teve os melhores caricaturistas da época. Na Primeira República, *O Malho* foi uma das mais prestigiosas revistas de crítica (SODRÉ, 1999:301). Lima Campos, Gonzaga Duque, Mário Pederneiras, Álvaro Moreyra e Hermes Fontes foram responsáveis pelo aparecimento, em 1907, da revista *Fon-Fon!.* Os ilustradores eram os melhores: Raul Pederneiras, Calixto e J. Carlos na primeira fase, e Correia Dias na segunda. *Fon-Fon!* espelhava o esnobismo carioca, fazia crítica, apresentava flagrantes e tipos do *set* da cidade com muita fotografia e muita ilustração. No mesmo ano, surge a revista infantil *O Tico-Tico*, que viveu mais de meio século e desapareceu quando a *Revista da Semana*, *O Malho* e *Fon-Fon!* não circulavam em suas melhores fases (SODRÉ, 1999:302).

Segundo Sodré, a revista mais característica daquela época seria a *Careta*, que começou a circular em 1908, fundada por Jorge Schmidt, que já havia dirigido a *Kósmos*. Desde o início, contava com a colaboração de J. Carlos, cuja trajetória se confunde com a da própria revista, tornando-se popular como nenhuma outra. Na fase em que literatura e imprensa conviviam, Olavo Bilac publicou os melhores sonetos de *A Tarde*. A revista *Careta* tornou-se quase um órgão dos parnasianos, da mesma forma que a *Fon-Fon!* o era para os simbolistas.

J. Carlos esteve afastado de *Careta* de 1922 a 1935, dedicando-se exclusivamente à direção artística de *Ilustração Brasileira* e de *Para Todos...*

A inserção da imagem no universo da imprensa merece uma análise muito cuidadosa, pois teve importância vital na sustentação e na representação de determinados valores sociais. No momento em que as revistas ilustradas passam a modificar hábitos, influenciar na maneira de se vestir, de se relacionar e de consumir, verificamos que seu argumento visual passa a ser mais bem elaborado. Valorizam-se tanto o texto quanto sua apresentação.

O período compreendido entre a virada do século e a década de 1920 testemunhou um amadurecimento da imprensa, o que resultou em uma profissionalização em diversos níveis – literatura, artes gráficas, design, publicidade e propaganda, administração, entre outros. As novas possibilidades de reprodução de imagens em grande escala, por meio da fotomecanização, permitiram que revistas e jornais transcendessem as barreiras sociais, aumentando a democratização da cultura visual e a popularização da literatura, o que, em países como a Inglaterra, já vinha ocorrendo desde meados do século XIX (JOBLING; CROWLEY, 1996:12).

Anúncio veiculado em *A Maçã* de dezembro de 1922

A MAÇÃ

Director : Conselheiro X. X.

Collaborada pelos mais brilhantes escriptores brasileiros, consagrados como romancistas, como «conteurs»,
como jornalistas, como dramaturgos, como poetas :

ILLUSTRADA PELOS NOSSOS MELHORES ARTISTAS
DO LAPIS, mestres na correcção
do desenho e no espírito da caricatura :

Escripta em linguagem decente e offerecendo

UM CONTO DE RÉIS

em BONUS DA INDEPENDENCIA a quem
encontrar nas suas paginas um termo obsceno :

É a MAÇÃ, hoje, o sema-
nario de maior
circulação nesta capital

Redacção: 28, RUA SACHET, 28

Officinas : AV. MEM DE SÁ, 236 - 240

RIO DE JANEIRO

Porque não o deixas comer?
Porque arara não come... Gosta apenas de cheirar...

Capítulo 3

Deliciosa união entre texto e imagem

A Maçã – 1922

Capas

A capa da revista traz as informações que a identificam: logotipo, número, data da publicação, nome do diretor e ilustração com legenda e título.

A estrutura da capa de *A Maçã* se mantém a mesma entre seu lançamento, em 11 de fevereiro de 1922, e 8 de dezembro de 1923. Nesse período, é possível observar uma linguagem que determina o tom da revista, tendo como elementos principais a mulher, a maçã, o vermelho como cor predominante combinado com uma segunda cor, a relação entre homem e mulher — essa mulher geralmente é a *cocotte*, a prostituta de luxo, sempre com roupas ousadas, camisas de dormir, decotes e poses provocantes.

A Maçã foi lançada em pleno Carnaval. Essa data certamente não foi escolhida de forma gratuita, pois, em geral, é no Carnaval que as pessoas se revelam em suas fantasias secretas e perdem o pudor exigido pela sociedade nos outros dias do ano. O tema Carnaval foi bastante explorado nas páginas da revista, com fortes doses de erotismo, sensualidade e duplo sentido.

A primeira capa de *A Maçã* trazia a Eva moderna, a eterna responsável pela expulsão do homem do Paraíso. Há uma comparação direta entre a mulher e o fruto como se estivessem prontos para serem devorados. A expressão "comer" era utilizada com duplo sentido. Na legenda, temos: A Eva moderna – das frutas todas esta será sempre a mais sã...

Os recursos de duplo sentido no texto e as brincadeiras fonéticas e de significado eram muito explorados pelos autores. À medida que Humberto de Campos se afasta da revista, essa riqueza linguística diminui, tudo fica mais explícito e menos criativo. Outra comparação feita com a mulher era sua relação com o diabo, pois ela quase sempre personificava o pecado, a tentação e o desvio. Por enfocar de forma satírica e não moralista e trazer as prostitutas praticamente para o mesmo patamar social das moças de família, o diretor de *A Maçã* foi duramente criticado na época. As representações dessas prostitutas eram feitas de maneira delicada, ilustrando mulheres bonitas e sensuais.

Com o título "Carnaval!", o vermelho é predominante no segundo número de *A Maçã*. A legenda é: "A primeira batalha". Essa é uma linda capa com o desenho muito expressivo de Angelus, que tinha um traço muito particular, com figuras afiladas e andróginas. A partir de dezembro de 1922, *A Maçã* tornou-se mais "familiar", sobretudo nas ilustrações, pois os textos mantiveram os mesmos temas do início: desejo, traição e modificação do comportamento da mulher.

Um elemento muito utilizado nas capas de *A Maçã* era o círculo como fundo para a cena ilustrada. Uma hipótese para seu uso seria a tentativa de simplificação da forma da maçã, visto que o círculo, usado em vermelho, remete ao formato do fruto; outra interpretação possível é o direcionamento do foco. O teatro, o cinema e a própria fotografia usavam esse recurso, até porque as ilustrações muitas vezes exploravam a linguagem do retrato.

Também era frequente o uso de animais — cão, arara, serpente, gato —, além de personagens da mitologia — faunos, sacis-pererês, entre outros —, para representar situações por meio de metáfora. Muitas expressões utilizadas se referem a gírias da época, e a interpretação se torna difícil sem um aprofundamento na área da linguística. A arara, um animal exuberante, era sempre identificada com os homens que "não faziam nada" ou "não ofereciam perigo às mulheres". É comum encontrar a expressão "A arara não morde, só cheira". Da mesma forma, o cão frugívoro, que gostaria de comer a maçã (talvez outra maçã — o sexo) e não pode, sugere uma negação ao fato de a mulher também não poder ser desfrutada por ele.

O almofadinha era caracterizado por trajes elegantes — chapéu, flor na lapela e calça risca de giz — e pela falta de jeito com as mulheres. Personagem constante na revista, frequentemente é ridicularizado por viver galanteando as mulheres, mas sem muita atitude. Mesmo a mulher sendo "desfrutável", ele não iria além de seu rosto, pois "se dependesse do *almofadinha*, Eva teria comido a maçã sozinha...".

A melindrosa, outra personagem presente na revista, era a nova mulher que surgia e para ela havia diversas representações. A melindrosa e o almofadinha de J. Carlos são os mais famosos. Nas capas apresentadas aqui, podemos observar o uso do elemento circular.

Gino

K.lixto

Justinus

Paco

A mulher era constantemente comparada à maçã, como se fosse uma mercadoria posta à venda. Esse sentido provocador e ousado de explicitar a situação de consumo das mulheres insinua que havia um mercado de prostituição estabelecido. Apesar disso, a ilustração suaviza a representação da prostituta; a mulher ali representada não traz uma expressão que a deprecie, seu olhar interpela o leitor, sua postura é ereta, com o quadril projetado para a frente e as mãos pousadas sobre eles. Ela está bem "senhora de si" e tem uma expressão de poder e de enfrentamento.

Os relacionamentos extraconjugais, que, pouco a pouco, tornavam-se mais usuais entre as mulheres na época, também eram fartamente evocados nas capas e nas ilustrações de *A Maçã*.

A política era exceção em meio aos temas estampados nas capas, mas aparece esporadicamente. Carlos Sampaio, responsável, junto com o presidente Epitácio Pessoa, pela Exposição Comemorativa do Centenário da Independência em 1922, aparece com uma picareta que representa a derrubada do morro do Castelo, iniciada nesse ano. A obra, bastante polêmica e discutida na época, foi ilustrada na capa do número 31, fugindo à linguagem usual da revista. *A Maçã* não costumava trazer questões relacionadas à política na capa, provavelmente por este não ser seu foco. Outras revistas já se ocupavam com esse tema, como *O Malho*, *Careta*, *Fon-Fon!*, entre outras.

A ilustração recebia legendas especiais e, em alguns casos, poemas e versinhos. O poema que serve de legenda da ilustração na capa do número 36, de autoria de Angelus, é de Luiz Edmundo:

Angelus

Tu te lembras, estouvada,

Quando sem modos, sem pejo,

Enchendo a boca de vinho,

Passaste-o, devagarinho,

À minha boca, num beijo?

Achei a ideia engraçada

E original o manejo...

A tua boca encarnada,

A me beijar de mansinho,

Sorria pelo meu beijo,

Toda manchada de vinho.

Desde esse dia não vejo,

Para minha alma embriagada,

Outra boca em meu caminho.

A causa, entretanto, estouvada,

Dessa embriaguez de desejo,

Mais doce que o teu carinho,

Não pude ter decifrada...

Não sei se foi o teu beijo...

Não sei se foi o teu vinho...

Otto Sachs

A capa desse número traz essencialmente a sensualidade e a ousadia da mulher, e o vermelho predomina.

A observação das capas de 1922 proporciona um panorama do público que Humberto de Campos buscava com seu semanário. Mesmo assim, todas as suas expectativas foram superadas. Desde o primeiro ano de publicação, segundo a própria revista, *A Maçã* foi o semanário ilustrado mais vendido no Rio de Janeiro, apesar de todas as críticas moralistas que sofreu. *A Maçã* não era uma revista satírica com traços de erotismo como outras contemporâneas ou predecessoras: *Shimmy*; *A Banana*; *Está Bom, Deixa*; *O Nabo*; *O Rio Nu*; *O Empata*, entre outras. Era um projeto literário de um dos autores de maior sucesso com o público, com uma programação visual diferenciada de tudo o que existira até então no Rio de Janeiro, e foi o conjunto desses fatores que a tornou tão querida pelos leitores.

Editorial

Editorial refere-se à página que traz novamente a identificação da revista: logotipo, data de publicação, número, diretor e um conto assinado por ele, o Conselheiro X.X. (Humberto de Campos).

A estrutura do editorial, bem como a da capa, manteve-se até 8 de dezembro de 1923. Há uma simplificação do logotipo presente na capa: *A Maçã* entra sem a serpente; em compensação, é ilustrada com uma cena do Conselheiro X.X. oferecendo a maçã a uma mulher jovem e nua. A composição é toda simétrica, e os dois personagens (o Conselheiro e a jovem) se sobrepõem ao logotipo, sendo eles o centro de atenção da página. O desenho, de Ivan, é muito delicado, com um traço *art nouveau*, bucólico. O personagem do Conselheiro X.X. não se aproxima em nada da pessoa de Humberto de Campos. O primeiro é representado por um senhor idoso, magro, usando óculos, casaca, cartola e guarda-chuva, como um personagem do século XIX. A mulher, em pelo, representa Eva, ansiosa por provar a maçã, representando uma inversão de papéis. Há ainda uma borda composta de fios de vários tamanhos.

Normalmente, o conto era diagramado em duas colunas e, entre elas, era colocada uma pequena ilustração. Até o fim de 1923, não havia um bom planejamento do espaço que o texto ocuparia na página, e fatalmente o conto passava para a página seguinte. Isso foi resolvido mais tarde, quando o conto passou a ocupar apenas uma página.

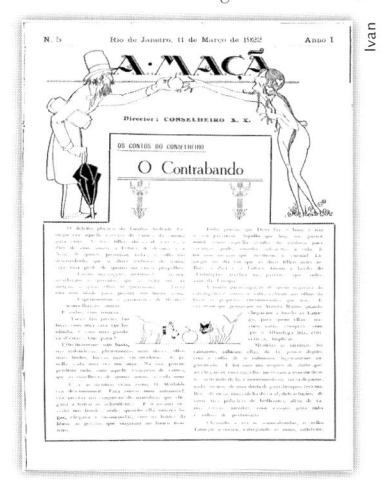

Alcova dos poetas era uma seção que destacava poesias, preferencialmente eróticas, de autores consagrados como Olavo Bilac, Medeiros e Albuquerque, Coelho Neto e o próprio Humberto de Campos. A poesia entra em um peso bem menor em relação à ilustração, que podia ser impressa em uma cor ou duas cores.

O que mudava nesses editoriais eram a ilustração e sua posição na página, e a tipografia utilizada nos títulos — que variava de tipos mais condensados, com ou sem serifas, escritos em caixa-alta ou em caixa-alta e baixa — e o conto. Sob o título eram colocadas duas linhas e dois acabamentos tipográficos; nos anos seguintes, estes seriam usados de forma mais sistemática, criando texturas e desenhos complexos.

No segundo semestre de 1922, são usadas diversas charges a traço, cenas com legendas que não estão necessariamente relacionadas ao conto do Conselheiro, criando uma cena paralela e um novo espaço pictórico dentro da página.

Miolo

Mais que uma capa bonita, bem produzida e inovadora, é necessário que o miolo da revista a acompanhe e surpreenda os leitores, da mesma forma que a capa os faz comprá-la. Esse era um problema comum na época de *A Maçã*: revistas com capas belíssimas e com ótimo conteúdo, mas que traziam um miolo sem muitas inovações. No semanário de Humberto de Campos, isso não ocorreu; além das capas surpreendentes e originais, o miolo tinha uma diagramação que se tornava, a cada número, mais arrojada e criativa. As relações inovadoras da ilustração quanto à massa de texto, dos títulos, a proporção em que o texto entrava na página e o uso do

K.lixto

Ivan

Ivan

espaço branco para valorizar determinadas vinhetas ou anúncios destacam *A Maçã* do cenário editorial da década de 1920.

É no miolo que se pode constatar a proposta gráfica da revista com mais clareza e de forma prazerosa: a cada página uma surpresa no uso da imagem, da charge, da cena ilustrada e sua preciosa relação com um texto primoroso.

Autoria desconhecida

Havia duas situações no miolo de *A Maçã*: quando a página era impressa em uma cor (preto) ou em duas cores (as mesmas utilizadas na capa). Ambas as situações eram muito bem exploradas pelos ilustradores e diagramadores. As páginas impressas em uma cor geralmente usavam e abusavam das vinhetas, do desenho a traço e também da fotografia.

Nas páginas em duas cores, dava-se preferência ao uso da ilustração com meios-tons, retículas e cores chapadas. Os ilustradores exploravam de forma criativa a soma das cores utilizadas, conseguindo efeitos de tricromia. Em números especiais, foram usadas três cores na impressão, e os efeitos resultantes podiam ser comparados a uma impressão em quatro cores.

Um recurso bastante inovador para a época era o uso das duas páginas em conjunto. No caso da edição do dia 5 de agosto de 1922, foram utilizadas duas ilustrações em diagonal que não têm nada a ver uma com a outra, mas que formam um terceiro desenho: um "V". Na primeira página, há uma escada; e no topo, uma mulher com o vestido esvoaçante mostra as pernas; no pé da página, um homem olha para ela admirado. O sentido diagonal dinamiza a página.

As ilustrações no miolo acompanhavam os temas principais de *A Maçã*: pecado, traição, sátira, mulheres, homens em diversas situações, entre outros.

As ilustrações de silhuetas e as delicadas melindrosas de Ivan aparecem em diversas páginas da revista, reforçando sua identidade e o desenho desse ilustrador.

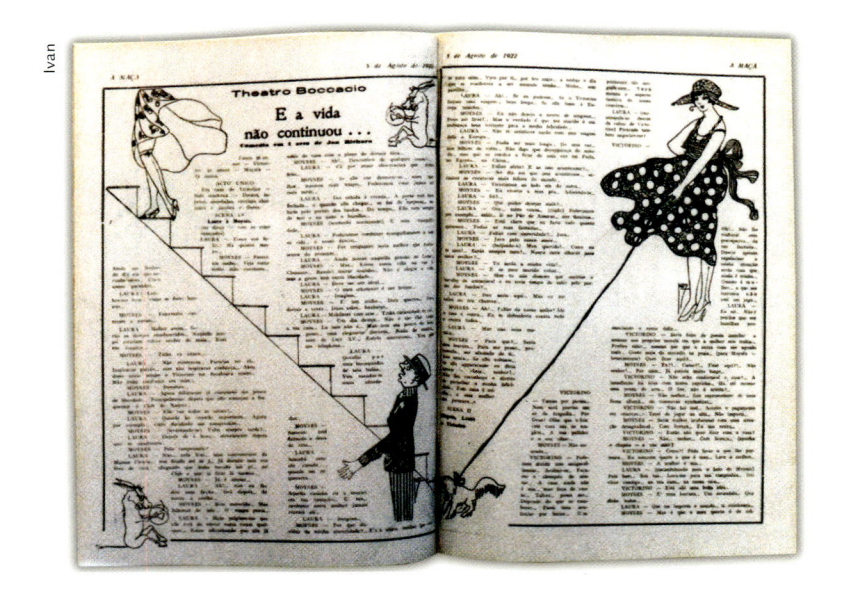

O ano de 1922 foi de afirmação para *A Maçã*. Após o impacto inicial — positivo e negativo —, foi necessário um grande esforço para manter a linguagem e o público, inovar nos conceitos e nas formas de apresentação gráfica e buscar seu lugar no mercado editorial carioca e nacional.

A Maçã — 1923

Em 1923, a estrutura da revista permaneceu a mesma. A capa trazia o logotipo que passou a ser impresso em duas cores a partir de fevereiro. A primeira grande mudança em seu projeto gráfico ocorreu no número 97, lançado em 15 de dezembro, que tinha uma capa de Andrés Guevara. A linguagem geral da revista denota que toda essa modificação no projeto gráfico foi feita pelo desenhista paraguaio. Traços mais geométricos, simplicidade das formas e dos acabamentos, logotipo, ornamentação das páginas trabalhada dentro da linguagem *art déco* são alguns exemplos que nos levam a essa conclusão.

Aos poucos, *A Maçã* passa de uma revista com linguagem que contém traços de periódicos do início do século XX a uma revista moderna que se apropria das características do *art nouveau*, mesclando-as com elementos *art déco*, resultando em uma linguagem visual arrojada, que ousa ao usar, por exemplo, seu logotipo

Paco

Andrés Guevara

Paco

Otto Sachs

quebrado e escrito de maneira diferente a cada número. O padrão existente até então não é mais seguido: a partir de 15 de dezembro de 1923, *A Maçã* se liberta e passa a experimentar novas formas na diagramação, na ilustração e na representação gráfica. Esse risco em descaracterizar seu logotipo, usado durante dois anos, só poderia ser assumido por uma revista que tivesse um público cativo e que já estivesse estabelecida no mercado. Por outro lado, há um melhor planejamento da massa de texto em relação ao espaço destinado a ela: no editorial, as palavras não excedem a primeira página que lhes cabe, mesmo com a ornamentação cada vez mais presente nessa unidade.

Capas

Em geral, até dezembro de 1923, as capas de *A Maçã* se mantêm no mesmo espírito de todo o ano de 1922, incluindo a linguagem das ilustrações, que são sobretudo de Paco, Otto Sachs e K.lixto. É a partir de 15 de dezembro que Guevara entra definitivamente em cena, nas capas, nas ilustrações, nas caricaturas e no novo projeto da revista. O artista paraguaio dominava a linguagem do design de publicações e foi responsável por projetos gráficos de alguns dos jornais mais importantes do Rio de Janeiro.

Ainda em dezembro, a estrutura da capa é totalmente modificada, ou melhor, eliminada — o logotipo entra coordenado com a ilustração. Em termos conceituais, o principal diferencial das próximas

capas é o tema. Há uma tentativa de trazer os personagens da política brasileira para as capas de uma revista que não tinha essa linha editorial até então.

É comum vermos, nas capas de 1923, a representação da terceira dimensão no desenho, com elementos que "saem" do limite da moldura que contém a ilustração principal.

Observamos também sátiras com senhores casados que sustentavam suas amantes e muitas vezes os amantes da amante.

O diálogo contido nas ilustrações muitas vezes considera o leitor, relacionando o veículo com o espectador. Esse recurso hoje é utilizado pela publicidade e pelo design, mas na época era totalmente inusitado.

Editorial

A estrutura do editorial de *A Maçã* se mantém durante todo o ano de 1923, sendo modificada na primeira

Ivan

reforma gráfica da revista, em 15 de dezembro de 1923. O que muda em relação a 1922 é que as páginas do editorial não são mais impressas em uma cor, mas sim nas duas cores utilizadas na revista. Dessa forma, o logotipo entra sempre em vermelho, e o restante na segunda cor, geralmente azul ou verde.

A partir de dezembro de 1923, o novo projeto gráfico de *A Maçã* é implementado. Foram eliminados do editorial os desenhos do Conselheiro e da Eva, bem como as ilustrações secundárias. Assim, há mais espaço para o texto e, com isso, o conto do editorial não ultrapassa a página à qual está destinado. Passam a ser utilizados clichês de tipografia de modo sistemático e criativo, formando muitas vezes desenhos complexos. Toda a página está mais leve e mais organizada. Esse novo padrão gráfico será analisado a seguir, no editorial de 1924.

Ivan

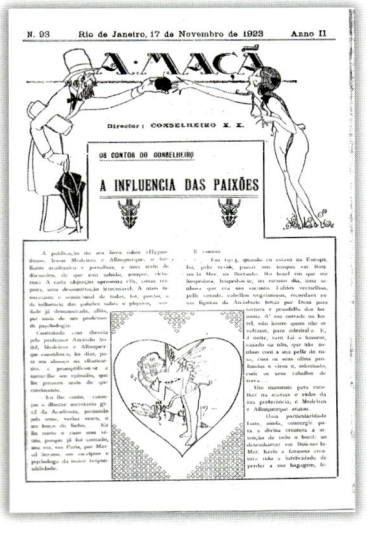

Ivan

Miolo

Em 1923, o miolo de *A Maçã* se apresenta de forma mais organizada, mantém o uso de ilustrações, mas as utiliza com mais objetividade. Por exemplo, em vez de usar várias diferentes na mesma página, passam-se a utilizar uma ilustração maior e no máximo mais uma ou duas com peso bem menor. Outro recurso utilizado em relação às ilustrações é seu uso espelhado. Além disso, aparecem de maneira mais sistemática os acabamentos tipográficos, clichês que ajudam a compor a página junto com os desenhos livres. Há uma valorização maior do espaço em branco e da tipografia. É possível observar páginas com diagramação muito leve e delicada.

Observam-se a união de diferentes linguagens e o surgimento de um estilo de ornamentação e de diagramação bem característico dessa publicação. A página pode ser ornamentada com motivos

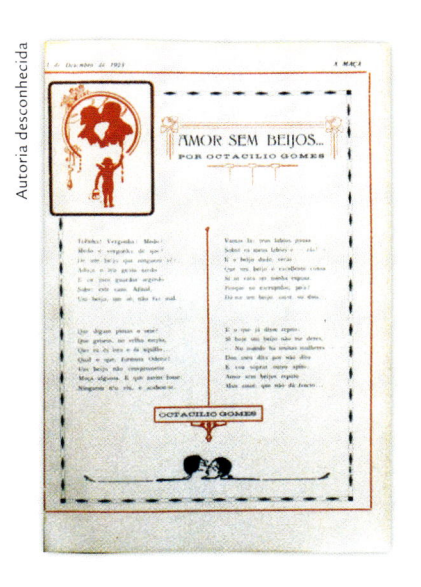

Autoria desconhecida

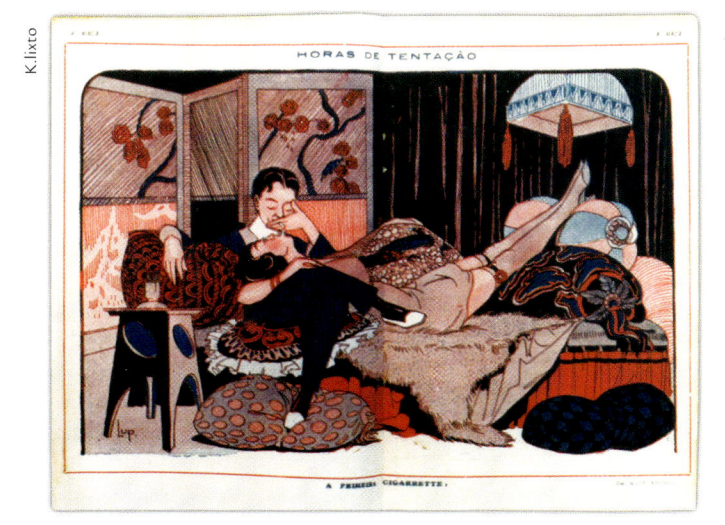

K.lixto

Ivan

Autoria desconhecida

geométricos — característica do *art déco* — e alguns poucos orgânicos.

É difícil entender exatamente a intenção do editor com essas reformas gráficas e conceituais na revista. Atingir um público maior? Escapar das críticas que sofria? Preservar-se da censura? Traduziam simplesmente uma variação da linha editorial? A análise dos anos seguintes talvez ajude a desvendar um pouco o sentido das mudanças e o que houve depois.

Otto Sachs

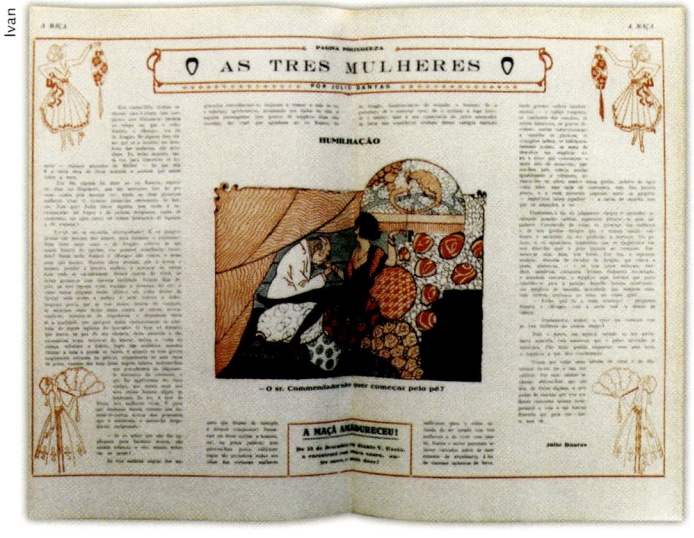

Ivan

A Maçã – 1924

Tudo muda. O ano de 1924 começa com a estrutura da capa desenvolvida por Andrés Guevara, com personagens políticos e mais retilínea que nunca. É linda. No entanto, algo acontece. Depois de alguns números, as mulheres, que andavam sumidas das capas de *A Maçã*, voltam e retomam seu lugar — e dali não saem mais. O que gerou esse retorno às mulheres? Talvez o público cativo não estivesse gostando daquele clima político nas capas, nas charges, nos versinhos. O Brasil vivia um momento difícil, com revoltas por toda parte, e muitas revistas se ocupavam desse tema. Talvez o consumidor de *A Maçã* quisesse, com sua leitura, esquecer um pouco o caos político e administrativo no qual o país estava imerso.

Capas

Percebe-se o retorno do espírito da revista para a sátira, o humorismo galante, as mulheres e os trocadilhos de duplo sentido adaptados à nova estrutura da capa. As ilustrações ainda estão bastante relacionadas às utilizadas nos dois anos anteriores. Aos poucos, a linguagem das ilustrações também se modifica

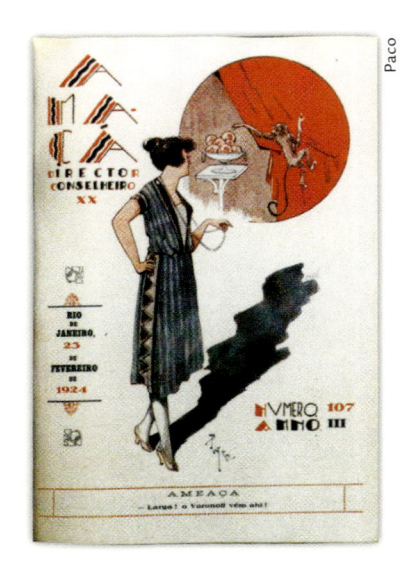

e novas técnicas de representação são exploradas, utilizando recursos gráficos somados à representação pictórica.

As cores predominantes em 1924 são o azul e o vermelho. Em março, tudo está diferente. As capas não exibem a estrutura dos números anteriores. Em algumas, há um retorno à estrutura de Guevara, com as informações sobre a revista na coluna à direita e a ilustração na área restante.

Com pele clara e boca vermelha, olhos maquiados muito expressivos e lânguidos — *olhos que olham e não veem* —, as melindrosas são o objeto de desejo dos ilustradores. O uso do retrato, a pequena boca vermelha e a "pintinha" completam o estilo, além da fumaça envolvente do cigarro.

As capas vão ficando mais "gráficas" — representam conceitos de forma mais sintética —, a representação é pictórica e sempre será em *A Maçã*, porém há simplificação dos detalhes e modificação no uso do ornamento. Essa constatação deixa clara a presença de um profissional com a missão de propor soluções gráficas que transformassem as capas da revista — e isso ocorre efetivamente. Assim, aos poucos elas deixam de ser

suporte para as cenas ilustradas, características dos dois primeiros anos da publicação, para receber ilustrações que buscavam representar conceitos, formas e estereótipos de maneira mais simbólica.

Um tema recorrente em *A Maçã* é "o primeiro bailado" que explorava a sexualidade ligada ao confronto entre a serpente e a maçã.

A observação das capas de 1924 sugere que a tentativa de politizar *A Maçã* fracassou — apesar de a estrutura básica dessas capas ter sido aproveitada daí para a frente —, pois, depois de poucos números, as mulheres, as serpentes e as maçãs voltam a ocupar seus lugares. As quatro capas que se destacam são as que adotam o recurso do retrato de modo bastante gráfico, simplificando e geometrizando formas ou ainda as dramatizando. Outro recurso muito utilizado foi o uso do espaço branco como elemento constitutivo da página. A liberdade no uso do logotipo foi outra característica importante, pois ele muitas vezes passa a fazer parte da ilustração, com linguagem própria e específica para determinada capa.

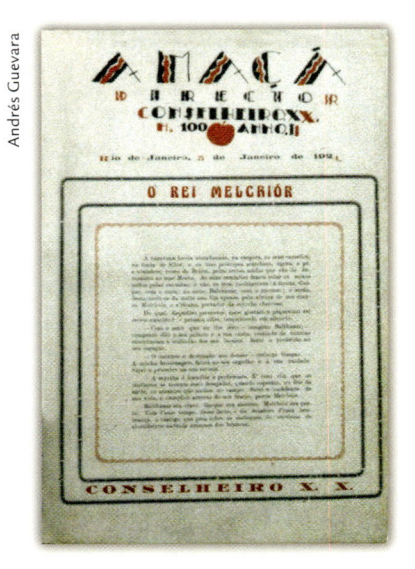

Editorial

A estrutura do editorial se mantém durante todo o ano de 1924. O que muda e se incrementa a cada número é o uso dos acabamentos tipográficos que formam desenhos complexos. O logotipo é o mesmo, havendo apenas uma variação no desenho do tipo.

A Maçã entra de forma simplificada, sempre em vermelho. Há uma combinação entre as duas cores utilizadas — sobretudo o azul e o vermelho. No logotipo da revista, a parte central de cada tipo está em vermelho; nas demais linhas, a primeira e última letra também.

No início de 1924, o uso de acabamentos tipográficos ainda é discreto. Nunca mais houve o problema de o texto avançar para a página seguinte. O espaço em branco também é bem utilizado no editorial. Isso valoriza o uso dos clichês, e a massa de texto justificada tem uma área bem delimitada. O cabeçalho se mantém o mesmo, até nas edições em que a capa não segue a estrutura de Guevara. Comparando com os editoriais de 1922 e 1923, percebem-se a modificação na linguagem, a modernização do uso da tipografia e da cor, e a nova organização da informação e dos ornamentos.

Aos poucos, a diagramação fica mais livre na ornamentação, que se concentra em dois lados da página. A assimetria e o uso dos clichês dão nova dinâmica a essas páginas. O editorial não está mais relegado a uma estrutura fixa; muda a cada número e apresenta soluções de design muito interessantes. Há uma leveza geral na página, nos tipos e na ornamentação.

Miolo

Em 1924, o miolo de *A Maçã* está ainda mais estruturado. Usam-se muitas cenas, as ilustrações crescem na página e são utilizadas de forma mais isolada. É mais frequente o uso de uma imagem maior, de uma borda, complementada por acabamentos tipográficos. O espaço em branco continua sendo bem utilizado, o que valoriza a ilustração, a charge, a tipografia e a própria estrutura da revista.

Na página que apresenta o poema Pecado, de Humberto de Campos, podemos observar o uso da ilustração, os ornamentos com acabamentos tipográficos e a composição dos tipos.

Ivan

Pecado

Por seis anos dormiu, ígnea e silente,
Dentro em nós, aquela hora de desejo,
Para, enfim, rebentar, subitamente,
No susto pecador daquele beijo.

Esse instante de amor foi tão ardente
E, aos nossos corações, tão benfazejo,
Que, passada a agonia do teu pejo,
Se tornou, para nós, quase inocente...

Bendigamos, no entanto, essa loucura
Que afinal, nos ligou, e que redime
Tantos anos de sonho e de amargura.

E, se essa hora de amor te há torturado,
Que a delícia divina do meu crime
Pese na redenção do teu pecado!

Humberto de Campos

Mora

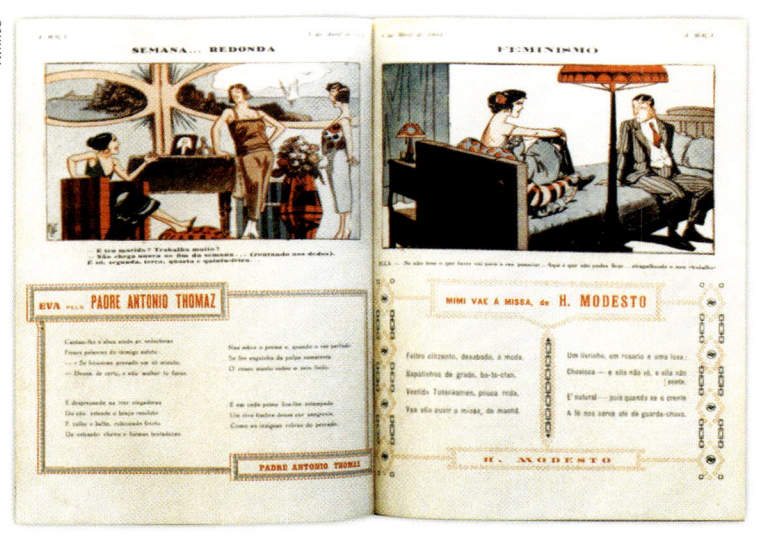

A composição ao lado, de autoria de Ivan, tem uma presença marcante, sem, no entanto, ser excessivamente pesada. Nos triângulos de diferentes proporções e tamanhos, entram várias texturas que enriquecem ainda mais o desenho, sempre explorando o traço em preto contrastando com o fundo. As ilustrações conseguem unir dois estilos de desenho: o da melindrosa, leve, com seus cachinhos e muitos detalhes, e a geometria dos triângulos que ora são golas, ora são vestidos e ainda chapéus. Essa ilustração, que nessa página entra em preto, foi utilizada outras vezes até com duas cores aplicadas. Além disso, as 11 melindrosas são todas diferentes uma da outra — e todas lindas!

A Maçã – 1925

Capas

Em 1925, *A Maçã* se caracteriza por capas mais densas; a maioria preenche totalmente o espaço da página. Há mais inovação no uso das cores, e as ilustrações "crescem" na capa. Além disso, algumas delas experimentam novos recursos de linguagem visual — a sugestão de uma terceira dimensão à ilustração, o uso de apenas uma parte do corpo da mulher representando o todo, o perfil feminino e o uso mais intenso de planos diferentes. As capas excepcionais de 1925 denotam um salto qualitativo e um amadurecimento da linha editorial da revista, que soube encontrar uma nova linguagem sem perder a linha da publicação.

Os ilustradores aproveitam todo o espaço da página; utilizam duas cores, criando diversas variações de retícula e muitas derivações cromáticas. O espírito satírico está bastante aguçado, e os temas são os conhecidos: mudança do comportamento da mulher, sensualidade do Carnaval, picardia.

Nestas páginas há três momentos de um dos principais ilustradores no ano de 1925, K.lixto. A liberdade com que utiliza o espaço dá nova dimensão

Justinus

Gino

X.Pando

às capas. É como se o ilustrador focalizasse, dentro de uma cena, aquilo que lhe interessasse — ele faz o enquadramento da imagem em close. As cores são muito bem utilizadas, realçando detalhes.

Na capa ao lado, as pernas da vedete são o foco, com os homens olhando embasbacados por baixo de sua saia.

Na capa abaixo, à direita, além da relação entre homem e mulher, a ilustração traz uma situação urbana que passava a ser vivenciada: "Os inconvenientes do trânsito: contramão". Essa capa inova mais uma vez no uso do espaço. O enquadramento é feito focalizando um casal que quase se beija, não fosse a mão dela impedindo. O desenho é tão expressivo que seu riso quase pode ser ouvido, e o uso da diagonal dá movimento à capa. A mulher ri com graça e deboche, pondo-se novamente como dona da situação. A capa é simples, praticamente sem ornamentação, concentrando-se apenas no traço expressivo da cena.

Na terceira e deslumbrante capa, na próxima página, o desenho de K.lixto retrata uma linda mulher com cabelos a *la garçonne*. No chapéu, uma maçãzinha espetada por um prendedor — uma alusão ao coração flechado pela seta do Cupido? A intenção do ilustrador era mantê-la em um plano, e, ao projetar a sombra do homem — muito menor em relação a ela —, simula a terceira dimensão. O homem "sai" da página, apoia-se no plano em que a mulher está e se põe no plano do leitor. O logotipo é desenhado em um tipo bem

K.lixto

modernista — muito utilizado até meados dos anos 1970. As cores – o verde e o violeta – são as utilizadas pelo movimento sufragista na Inglaterra e nunca haviam sido usadas em *A Maçã* até então —, o que reforça a possibilidade de essa capa tê-las utilizado de maneira intencional e relacionada ao movimento citado.

Liberdade formal, uso de cores inusitadas e valorização da ilustração são algumas das características mais marcantes das capas de 1925. As mulheres estão em todos os números, sendo representadas das mais diversas formas. O logotipo de *A Maçã* entra como um elemento da ilustração, não havendo padrão estabelecido. A valorização da ilustração produziu, nesse ano, algumas das mais belas capas de toda a trajetória da publicação.

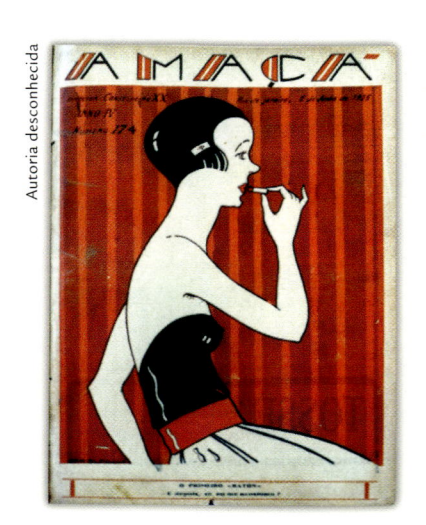

Autoria desconhecida

Autoria desconhecida

Andrés Guevara

Editorial

Os editoriais em 1925 se caracterizam por serem sempre impressos em duas cores — o que vinha ocorrendo ocasionalmente desde 1923 — e por utilizarem o cabeçalho de forma mais marcante, com um peso visual maior. O uso de vinhetas tipográficas se intensifica, gerando desenhos que estruturam a página e a preenchem com maior intensidade, até pelo uso de cores mais densas. O corpo, o espacejamento e a mancha variam de acordo com o volume do texto, o qual algumas vezes é formatado de modo especial.

A cada ano o editorial ganha mais atenção quanto a layout: a cada número há uma adequação do projeto básico e uma apresentação nova, com diagramação, acabamentos e cores diferenciados. O estilo *art déco* faz parte da linguagem de *A Maçã*.

Andrés Guevara

Andrés Guevara

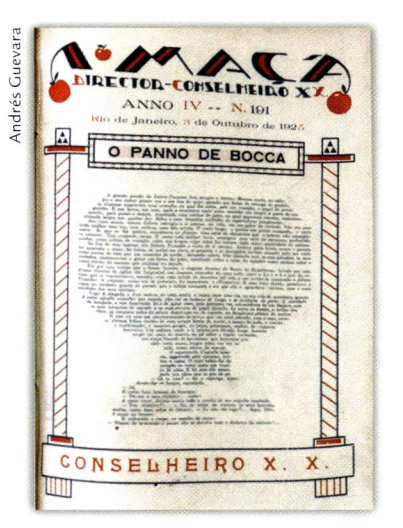
Andrés Guevara

Andrés Guevara

K.lixto

Miolo

Em 1925, o miolo de *A Maçã* continua fazendo uso mais objetivo da ilustração — as imagens são utilizadas de forma mais restrita e não há aplicação de várias em uma mesma página —, o que vinha ocorrendo desde 1924. Assim, a ilustração cresce na página, e as vinhetas continuam tendo seu uso espelhado. Outra característica dessa fase da revista é a ilustração em páginas duplas, delimitando o espaço para a diagramação do texto. Até as vinhetas tipográficas apresentam-se de modo mais simplificado, criando desenhos menos complexos.

Observamos, em algumas páginas de *A Maçã*, diversos tipos e acabamentos tipográficos. Há bem mais experimentação gráfica e ousadia nas representações. É comum a ilustração de mulheres seminuas. Vemos também muitas bordas nas páginas simples e duplas.

K.lixto

Autoria desconhecida

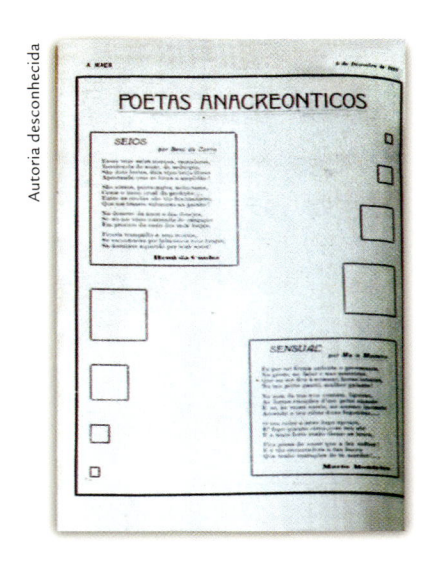

Nervosa e a se enroscar, molemente, de leve,

Pelas dobras sensuais do tapete macio,

Anda a pensar, decerto, em delíquios de cio,

No bichano feliz que há de esposá-la, em breve...

O dia inteiro assim — gata fidalga — deve

Ter uma alma de amor dentro do corpo esguio...

A volúpia, a gemer, põe-lhe um brando arrepio

Na macieza sem par da pelugem de neve...

Ando a espreitar-lhe, agora, os modos, a atitude,

Por me lembrar de alguém — corpo de seda e rosa —

No perpétuo esplendor da graça e da saúde;

De alguém mulher-em-flor, lindamente entreaberta,

Na ansiedade pagã da carne que desperta.

Zito Baptista

Autoria desconhecida

Otto Sachs

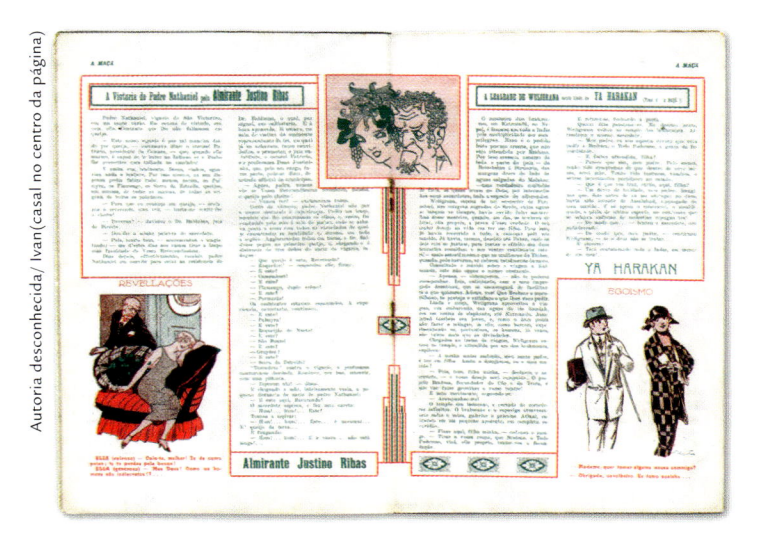

Autoria desconhecida/ Ivan(casal no centro da página)

A Maçã — 1926

As capas de 1926 exploram a cada semana novas soluções gráficas, todo o espaço continua sendo bem aproveitado, tendo as ilustrações um peso significativo. Uma característica dessas capas são as ilustrações da mulher de corpo inteiro, e não tão concentradas no rosto, como em 1925.

O vermelho é predominante, e o verde e o azul são as cores complementares. As capas são mais provocantes e mais explícitas em relação ao sexo.

Capas

No que se refere a linguagem verbal, as capas de 1926 foram as mais ousadas e que utilizaram metáforas mais explícitas. Sob aspectos gráficos, não tiveram um estilo predominante de ilustração, até pela variação entre os próprios artistas, e não houve muita inovação em recursos gráficos. Apesar disso, fizeram um ótimo uso da área da capa, havendo uma valorização da ilustração em relação ao logotipo da revista, que diminuiu muito se comparado aos anos anteriores, além de ter algumas capas realmente especiais.

K.lixto

Autoria desconhecida

Lanza

K.lixto

Justinus

Valdez

Editorial

Os editoriais em 1926 têm grande variação quanto a diagramação e ornamentação, com composições que utilizam acabamentos e novas tipografias.

No primeiro número, *A Maçã* aparece escrito em caixa-baixa, em um tipo desenhado, provavelmente, por Guevara. As molduras são compostas de fios de diversos tamanhos e pequenos acabamentos, bastante retilíneas e com poucos detalhes. Já nos números seguintes, o logotipo é modificado, o tipo foi redesenhado e é impresso, na área maior, um quadriculado nas duas cores utilizadas na revista, sendo que o vermelho — a principal — é impresso chapado, sem vazar a área em que entrará a segunda cor. Esta, por sua vez, entra *overprint* sobre o vermelho, e na área de sobreposição há uma soma das duas cores. Dessa forma, é contornado o problema da imprecisão de registro, e

Andrés Guevara

Andrés Guevara

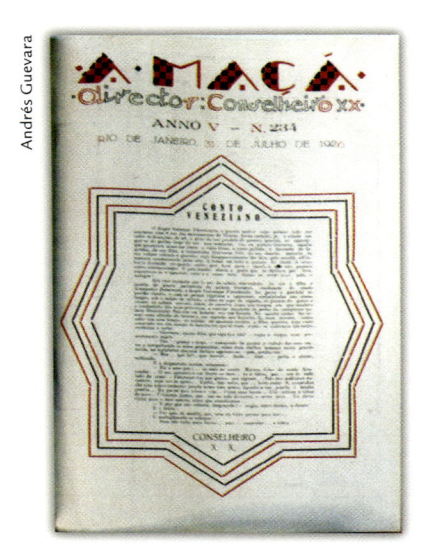

Andrés Guevara

Andrés Guevara

o acabamento é perfeito. Esse é um recurso utilizado pelo design gráfico até hoje.

Abaixo do logotipo, vem "Director: Conselheiro X.X." impresso com linhas de contorno, recurso bastante inovador para a época. As informações secundárias vêm logo em seguida, com um pequeno afastamento, isolando o logotipo e a palavra diretor na área superior. Muitas vezes, o conto é diagramado em duas colunas e recebe uma moldura bastante estruturada, construída com fios e acabamentos tipográficos. Utiliza-se um novo recurso: fios com diferentes espessuras; os mais finos se intercalam com os mais grossos, criando texturas e retículas mesmo com as duas cores chapadas.

Esses são exemplos da exploração criativa dos recursos e da tecnologia disponível com base em uma concepção de projeto gráfico. Quantas vezes o designer faz isso? Hoje, com as facilidades da tecnologia de produção de originais para impressão, é muito fácil conseguir os efeitos usuais disponíveis nos programas gráficos. No entanto, aquele designer que não se contenta com as soluções *usuais* sempre pesquisará novas formas para superar os limites que a tecnologia impõe a seu projeto. Isso é feito há mais tempo que se imagina.

Miolo

A principal característica do miolo de *A Maçã* de 1926 é a simplificação da ornamentação. De maneira geral, há bastante utilização de fios e de pequenos acabamentos tipográficos, ilustrações, charges e fotografias. Há uma drástica diminuição no uso de ilustrações; quando ocorrem, sua inserção é discreta. A linguagem verbal está muito ousada nas legendas das ilustrações e charges, embora visualmente esteja até comportada.

Reforçando o que foi exposto, a linguagem verbal da revista está cada vez mais explícita e erótica. Não há nenhum ornamento além da ilustração; a moldura que dá acabamento à página é composta apenas de fios. A tipografia do título e da assinatura do conto é semisserifada e bastante leve.

A página ao lado apresenta o conto "Cleópatra", da série "Galanteria das cortezãs", assinado por Parsifal, certamente um pseudônimo. No centro da página está uma ilustração da rainha Cleópatra não assinada. A linguagem dessa página utiliza elementos *art-déco*, na combinação de cores, na geometrização e no ornamento.

A construção de algumas páginas é arquitetônica, utilizando elementos comuns para os acabamentos, sendo projetadas como se fossem a fachada de um edifício. Essa aproximação é muito interessante e real:

Autoria desconhecida

Autoria desconhecida

Ivan

é possível realizar a comparação ainda hoje, pois muitos edifícios da época estão bem conservados e mantêm suas características originais.

O destaque dessa página está na ilustração de K.lixto que ocupa três lados da composição, contornando-a de forma que se "apoie" na estrutura da página. É apenas uma ilustração que contém duas cenas independentes; há também uma pequena ilustração no centro da página. A primeira cena é intitulada "Presente de Reis" e ilustra uma mulher deitada, como se estivesse sobre uma soleira ou um muro pegando um embrulho do homem que está em pé e que lhe diz:

"— As balas são para você chupar..."

A segunda ilustração, "Preferências", é de uma mulher subindo em uma escada e abaixo dela um homem comenta espantado:

"— Você trepando com a escada tão em pé?

— Então! Em pé é que é bom..."

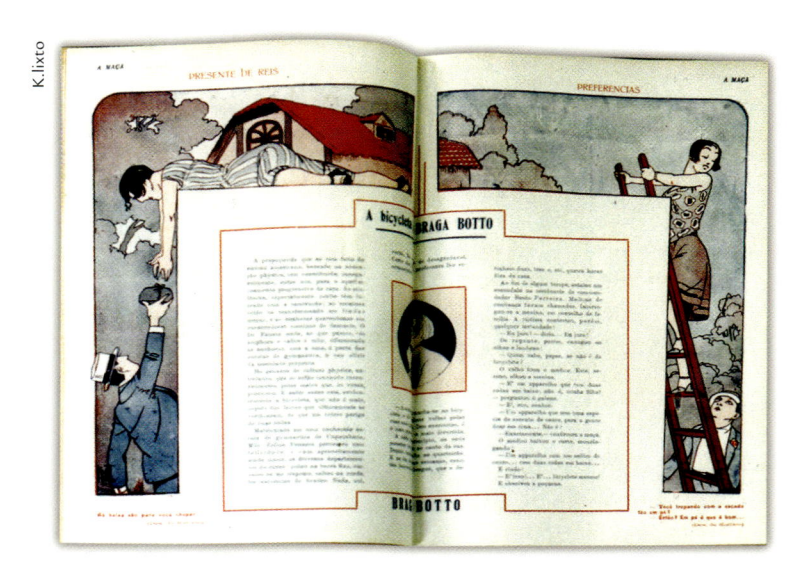

K.lixto

Ambas têm a conotação sexual explícita e brincam com a expectativa feminina do bom desempenho sexual masculino. A liberdade da linguagem verbal contrasta com a linguagem visual mais comportada.

Após essa trajetória de análise da revista *A Maçã*, é possível observar vários paralelos na linguagem visual representada desde as capas até os detalhes utilizados em seu miolo. *A Maçã* reflete modelos, propostas gráficas, estilo, moda, literatura e linguagem artística de uma década de grandes mudanças de comportamento e pensamento. O conflito existente nas ruas do Rio de Janeiro, capital irradiante do país, entre o desejo de civilização representada pelo "ser europeu" e o desejo de ser brasileiro, na malícia, no calor, no Carnaval, no sexo, no samba. Esse conflito caracteriza de forma particular o ingresso do Rio de Janeiro no Brasil moderno. Um ingresso diferente e que escapa às definições de modernismo e modernidade encontradas comumente nos livros. Esse ingresso na modernidade se fez no cotidiano, no caminhar de mulheres e homens, brancos e negros, políticos e críticos da pena e do lápis, atrizes, prostitutas, no caminhar da gente comum.

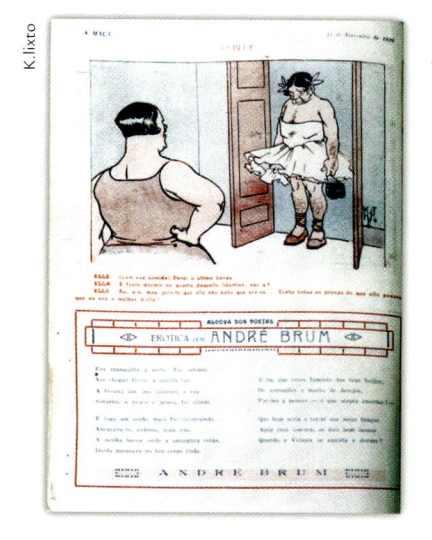

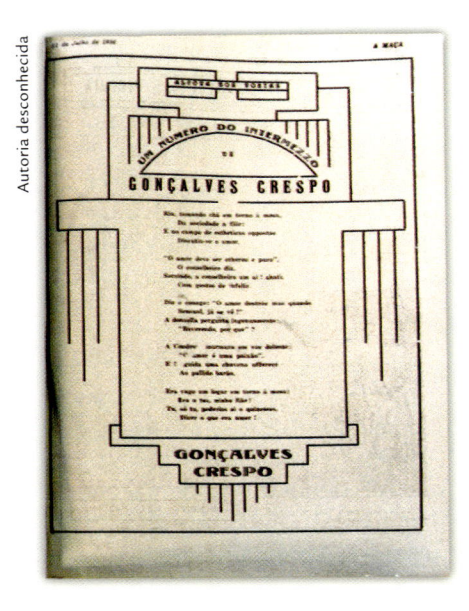

No próximo capítulo, serão expostos alguns temas emergentes das páginas da revista *A Maçã* e serão exploradas algumas questões que envolvem esse ingresso definitivo do Rio de Janeiro na modernidade, bem como as posturas tomadas por esse grupo de intelectuais que, semanalmente, provocava e subvertia a ordem moral da década de 1920.

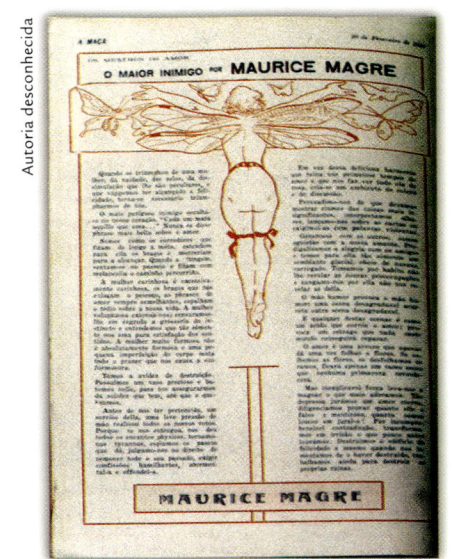

PARA QUE SERVEM OS MARIDOS

— Olha, Antonio, si eu te chamar, vae em meu soccorro; mas não deixes cahir nada... Ouviste?

SONHO DE MULHER

O Marido ideal

Capítulo 4

Sociedade e representação

A análise gráfica da revista *A Maçã* possibilitou a reflexão a respeito de vários assuntos que vão muito além do design, mas são determinantes para sua configuração, já que o design faz parte da cultura e espelha as condições da sociedade na qual está inserido.

A complexidade social contida nas páginas de *A Maçã*, considerando suas linguagens visual — ilustrações, caricaturas — e verbal — contos satíricos, anúncios —, requer uma abordagem mais ampla, e para isso foi necessário buscar alguns conceitos da perspectiva dos estudos culturais, como identidade e diferença.

Para melhor compreensão do conflito entre o desejo de civilização representado pelo comportamento europeu e a condição de ser brasileiro, foi necessário estudar algumas formas de construção de uma curiosa identidade: o *carioca*. A projeção da identidade cultural da capital do Brasil, o cosmopolitismo carioca que contrastava com o provincianismo de São Paulo, a miscigenação, a mistura e o confronto entre as camadas sociais, a conversa entre as artes erudita e popular são fatores que tornaram o ingresso do Rio de Janeiro na modernidade tão distinto e que construíram formas de expressão que só podem ser encontradas nessa cidade. O maxixe, o samba, o Carnaval, a literatura acadêmica, o folhetim, em algum momento isso tudo se mistura em um grande caldeirão, ajudando a definir os contornos tão fluidos da sociedade carioca.

Outro tema essencial a ser discutido após a análise de *A Maçã* é o lugar da mulher e de suas representações. Para isso, foi importante buscar as origens dos movimentos de luta pelos direitos civis das primeiras mulheres que ingressaram no mercado de trabalho na Inglaterra do século XIX e aqui no Brasil no início do século XX. Nessa época, as mulheres eram representadas como frágeis, naturalmente com vocação para as tarefas domésticas e relacionadas à natureza — apesar de serem força essencial para a indústria, sobretudo por receberem salários muito inferiores aos dos homens. A forma como a mulher é representada nas páginas de *A Maçã* se confronta com a ideia da moça frágil e desqualificada intelectualmente. A mulher do semanário é *poderosa* e não perde a oportunidade de humilhar e usar os homens; é também bela, vaidosa e amorosa. Foram levantados alguns aspectos desse confronto entre a realidade e a representação da situação das mulheres no início do século XX.

Finalmente, surgem as principais questões referentes ao design da publicação, conceitos a respeito do ornamento, a apropriação da linguagem artística e sua utilização como arte aplicada.

Identidade: conceito, representação e imaginário

> As identidades adquirem sentido por meio da linguagem e dos sistemas simbólicos pelos quais elas são representadas (WOODWARD, 2000:8).

Identidade é um conceito relacional: depende, para existir, de algo fora dela, de algo que ela não é, que fornece as condições para que ela exista. É, assim, marcada pela *diferença* (WOODWARD, 2000:9) e constituída de *símbolos*. Existe associação entre a identidade da pessoa e o que ela usa. No caso do Rio de Janeiro do início do século XX, muitos são os significantes capazes de produzir e reforçar a identidade do carioca; por exemplo: em vez da sofisticação e da alta cultura europeia, a capital com fortes traços coloniais infestada de doenças epidêmicas, o centro da cidade — sem urbanização — ocupado pelas camadas mais pobres da população, concentradas em cortiços, representando justamente a antítese do que pretendia o imaginário de civilidade. Desse modo, a construção da identidade é tanto simbólica quanto social (WOODWARD, 2000:8). A luta para afirmar as diferentes identidades tem causas e consequências materiais: conflito entre os grupos envolvidos e, sobretudo, a busca do grupo excluído por se encaixar no modelo de civilização produzido pelo outro. O resultado não poderia ser outro: confronto, turbulência e desequilíbrios sociais e econômicos. A identidade é também marcada pelo gênero. Os homens tendem a construir posições de sujeito para as mulheres tomando a si próprios como ponto de referência (WOODWARD, 2000:10). Essa será uma questão fundamental na linha editorial da revista *A Maçã*.

Para fundamentar uma discussão mais ampla sobre identidade e diferença, Kathryn Woodward explica que, na base desses aspectos, está a tensão entre as perspectivas essencialista e não essencialista. Para exemplificar, pode-se dizer que uma definição essencialista da identidade carioca sugeriria que existe um conjunto de características cristalinas, autênticas, que todos os cariocas partilham e que não se altera ao longo do tempo. É inerente a ela. Uma definição não essencialista focalizaria as diferenças, as características comuns ou partilhadas entre os próprios cariocas e entre eles e outros brasileiros. Para tratar dessas questões, Woodward apresenta algumas definições.

Muitas vezes a identidade envolve reivindicações essencialistas sobre quem pertence e quem não pertence a determinado grupo identitário, nas quais a identidade é vista como fixa e imutável. Algumas vezes essas reivindicações estão baseadas na natureza; por exemplo, em etnia, "raça" e relações de parentesco, ou ainda em alguma versão essencialista da história ou do passado, como se houvesse uma verdade imutável.

A identidade é, na verdade, relacional, e a diferença é estabelecida por marcação simbólica relativa a outras identidades. Está vinculada também a condições sociais e materiais. Se um grupo é simbolicamente marcado como inimigo ou tabu, isso terá efeitos reais porque o grupo será socialmente excluído e terá desvantagens materiais (WOODWARD, 2000:14).

A conceitualização da identidade envolve o exame dos sistemas classificatórios que mostram como as relações sociais são organizadas e divididas, e como algumas diferenças são marcadas da mesma forma que outras podem ser obscurecidas — a afirmação de identidade pode omitir diferenças de classe e de gênero, por exemplo.

Outra questão importante é o porquê de as pessoas terem necessidade de assumir suas posições de identidade e de se identificar com elas. Além da dimensão simbólica e social, há também a psíquica, necessária para uma conceitualização completa da identidade.

Conceito de identidade

Uma das discussões centrais sobre identidade concentra-se na tensão entre essencialismo e não essencialismo. Como já se viu, o essencialismo pode fundamentar suas afirmações em verdades absolutas históricas ou biológicas. O corpo é um dos locais envolvidos no estabelecimento das fronteiras que definem quem somos, servindo de fundamento para, por exemplo, a identidade sexual. Hoje, pode-se afirmar que não é necessário reivindicar uma base biológica para assumir posturas sexuais, tampouco para a maternidade. Por outro lado, alguns movimentos étnicos, religiosos ou nacionalistas frequentemente reivindicam uma cultura ou uma história comum como fundamento. O que é a identidade enfim? Algo fixo ou fluido e mutante? Construções.

De acordo com Stuart Hall, "é necessário observar como a identidade se insere no circuito da cultura e a forma como a identidade e a diferença se relacionam com a discussão sobre representação" (HALL, 2000:16).

Identidade e representação

A representação inclui as práticas de significação e os sistemas simbólicos por meio dos quais os significados são produzidos, posicionando-nos como sujeitos. É com os significados produzidos pelas representações que damos sentido a nossa experiência e àquilo que somos (WOODWARD, 2000:17).

Pode-se dizer que sistemas simbólicos tornam possíveis o que somos e aquilo que podemos nos tornar. A representação, compreendida como um processo cultural, estabelece identidades individuais e coletivas, e os sistemas simbólicos nos quais ela se baseia tornam possíveis as identificações individuais (Quem sou? Quem eu gostaria de ser?). Os discursos e os sistemas de representação constroem os lugares de onde as pessoas podem se posicionar e de onde podem falar; por exemplo, o conteúdo de *A Maçã* era destinado a um público, com características em comum. Por outro lado, é possível se apropriar de identidades e reconstruí-las para uso próprio. A mídia, da mesma forma que hoje define como um sujeito deve se vestir ou o que deve usar para se identificar com determinado grupo, também na época da revista, de modo muito menos maciço, já influenciava o consumidor de *A Maçã*. Basta observar os anúncios veiculados. As imagens da melindrosa e do almofadinha foram construídas, e aí se encaixaram aqueles que se identificavam com elas. Os anúncios só são eficazes em seu objetivo de nos vender algo se tiverem apelo para os consumidores e se fornecerem imagens com as quais eles possam se identificar (WOODWARD, 2000:18).

A marcação da diferença é crucial no processo de construção das posições de identidade. A diferença é reproduzida por meio de sistemas simbólicos. Segundo a antropóloga Mary Douglas, a marcação de diferença é a base da cultura, pois as coisas e as pessoas ganham sentido por meio da atribuição de diferentes posições em um sistema classificatório (WOODWARD, 2000:39).

Sistemas classificatórios

As identidades são construídas pelas marcações da diferença, o que ocorre tanto pelos sistemas simbólicos de representação quanto pelas formas de exclusão social. A identidade, pois, não é oposta à diferença, mas depende da diferença. Nas relações sociais, as diferenças simbólica e social se estabelecem por meio dos sistemas classificatórios — que aplicam princípios capazes de dividir uma população em ao menos dois grupos opostos (nós/eles). Os sistemas de classificação dão ordem à vida social, sendo afirmados na fala e nos rituais (WOODWARD, 2000:40).

Woodward afirma que o sociólogo francês Émile Durkheim utilizou a religião para exemplificar como as relações sociais são produzidas e reproduzidas por intermédio de rituais e símbolos, os quais classificam objetos como sagrados ou profanos. Não existiria nada inerente ou essencialmente *sagrado* nestes artefatos e ideias que seriam sagrados apenas por serem *simbolizados* e *representados* como tais. Segundo Durkheim, a vida social em geral é estruturada por essas tensões entre o sagrado e o profano, e é por meio de rituais — atividades coletivas — que o sentido é produzido (WOODWARD, 2000:40-41).

O sagrado é definido e marcado como sendo diferente e em oposição ao profano, excluindo este inteiramente.

Essa série de definições em torno da identidade e da diferença emerge espontaneamente do material analisado para esta pesquisa. A revista *A Maçã* traz para suas capas as mulheres que personificavam a diferença, ou melhor, o oposto daquilo que se esperava das mulheres "sérias" ou, apropriando-se do termo utilizado por Durkheim, das mulheres *sagradas*. Eram as mulheres *profanas*, as prostitutas de luxo, que tinham liberdade e poder de enfrentamento perante seus amantes. A representação que se fazia delas, no entanto, destacava suas qualidades e não as denegria — esse choque de representação no seio de uma sociedade moralista ocorreu logo nos primeiros números de *A Maçã*. Eram mulheres belas, independentes, que se vestiam bem e tinham poder sobre os homens, enquanto as mulheres *sagradas* eram submissas ao homem — primeiro como filhas, depois como esposas — e tinham sua liberdade tolhida pelo casamento e pelos filhos. Aos poucos, o comportamento de algumas dessas mulheres casadas foi também se modificando e algumas tinham amantes — na alta sociedade da época, era considerado *chic* ter um amante. *A Maçã* apresenta em suas páginas as duas situações; convivem juntas a prostituta e essa nova mulher que, embora *sagrada*, tinha lá seus deslizes. Ambas estavam no mesmo patamar social. Já foi comentado que a revista era destinada ao público masculino, mas que as mulheres a liam também — se eram moças de família, tinham de fazê-lo às escondidas. De certa forma, é possível até especular uma possível influência no comportamento dessas mulheres "sérias"; afinal, por que apenas as prostitutas podiam ter liberdade e poder perante os homens?

Além disso, outra questão relacionada à diferença estava na postura de Humberto de Campos e de seus colaboradores. O editor, diretor e idealizador de *A Maçã* era um homem casado, com filhos, membro da Academia Brasileira de Letras, bem estabelecido no Rio de Janeiro. O que deu nele para escrever uma revista galante? Realmente, não é de estranhar que os críticos, de forma geral, tenham-no arrasado. O humor e a sátira pareciam não estar de acordo com os padrões literários — sobretudo de um acadêmico — da época, mas Humberto de Campos resistiu e se confrontou com os críticos. Disse com todas as letras que estava fazendo humor para que as pessoas se alegrassem e esquecessem o caos político no qual o Brasil estava mergulhado e que, afinal, ele precisava ganhar algum dinheiro. Humberto de Campos, um homem preocupado com a política social, a seu modo, usou sua revista como instrumento de questionamento social.

Em todos esses casos, o que chama a atenção é a existência da oposição binária que parece permear todas as situações que exigem estabelecimento de ordem social. A classificação simbólica está intimamente relacionada a isso e se traduz na necessidade de estabelecer quem faz parte dessa ordem e quem destoa dela. Por exemplo, alguém que transgride as normas sociais (leis ou boas maneiras) é, de uma forma ou de outra, excluído da sociedade convencional — e essa exclusão pode ser feita de várias maneiras e em diferentes níveis —, pois está associado ao perigo, tendo como referência o padrão aceito pela sociedade. Essa prática de organização da vida social no cotidiano gera um comportamento ritualizado mesmo nos atos mais corriqueiros, ou seja, um conjunto de práticas simbólicas. Em suma, essas pessoas são excluídas por estarem *fora do lugar*. É justamente esse fenômeno que parece causar incômodo em *A Maçã*: trazer para dentro da sociedade pessoas, padrões de comportamento, poemas e contos que tratam de *outra* realidade social — excluída. O erótico, o sensual e o picante no semanário de Humberto de Campos pareciam *destoar* daquela sociedade que ao mesmo tempo os condenava e os consumia. Essa dupla moral, cuja permissividade acompanhava as duras críticas, não se deu apenas por *A Maçã* ser uma revista galante — pois existiam outras —, mas, sobretudo, por ser editada por um homem de letras que, sob um pseudônimo, alfinetava a sociedade, fazendo uma deliciosa sátira em belíssima publicação. Ou seja, a revista era desejada e repudiada ao mesmo tempo.

A diferença

Ao analisar como as identidades são construídas, Kathlyn Woodward sugere que elas são formadas relativamente a outras identidades — ao outro ou ao que não é. Essa construção aparece mais comumente sob a forma de oposições binárias, que é o modo mais extremo de marcar as diferenças. De um lado, a diferença pode ser construída negativamente, por meio da marginalização e da exclusão daquelas pessoas definidas como "outros", e, de outro, pode ser celebrada como fonte de diversidade, heterogeneidade e hibridismo, sendo considerada enriquecedora; é o caso de movimentos sociais que buscam resgatar as identidades sexuais dos constrangimentos da norma e celebrar a diferença (com afirmações como "Sou feliz por ser gay") (WOODWARD, 2000:50). No caso de *A Maçã*, os criadores e ilustradores pareciam sustentar que aquelas mulheres "eram felizes por serem livres", pois eram donas de seu corpo e o utilizavam como instrumento de poder. Mais uma vez, essa é uma construção do ponto de vista do homem da década de 1920 que deve ser lida com reservas, já que é sabido que, na prostituição, nada é tão fácil.

Uma característica comum à maioria dos sistemas de pensamento ocidentais parece ser um compromisso com os dualismos pelos quais a diferença se expressa em termos de oposições cristalinas — natureza/cultura, corpo/mente, paixão/razão. Alguns autores que criticam a oposição binária, porém, argumentam que os termos em oposição recebem uma importância diferenciada, de forma que um dos elementos da dicotomia seja sempre mais valorizado que o outro (WOODWARD, 2000:50). Woodward cita Derrida, que afirma que a relação entre os dois termos de uma oposição binária envolve um desequilíbrio necessário de poder entre eles. Outra autora citada é Hélène Cixous, que adota o argumento de Derrida sobre a distribuição desigual de poder entre dois termos em oposição binária, mas concentra-se nas divisões de gênero e defende que a oposição de poder também é a base das divisões sociais, especialmente entre *homens* e *mulheres*. Ela diz que, além do fato de o pensamento ser construído em termos de oposições binárias, nesses dualismos um dos termos é sempre mais valorizado que o outro: um é a norma, e o outro é o "outro" — visto como desviante ou de fora. A autora enfatiza que os dois membros dessas divisões não recebem peso igual e que essas divisões estão relacionadas ao gênero (WOODWARD, 2000:51). É possível derivar desse argumento as bases para a construção de alguns estereótipos trabalhados em *A Maçã*.

Tipos como a *cocotte*, a *melindrosa* e o *almofadinha* são fartamente representados nas páginas da revista. Eles são construídos com base em uma imagem estereotipada da época — será que aqueles escritores e desenhistas que os conceberam eram excluídos e marginalizados também? De qualquer forma, a projeção da imagem da mulher independente, poderosa e que invariavelmente domina o homem foi feita e construída por *homens*, e há uma clara inversão de papéis e de realidades. É sabido que muitas dessas mulheres — *cocottes* — não eram tão livres assim; muitas sustentavam os *cáftens* — popularmente, os *gigolôs*. Se elas tinham dinheiro e andavam bem vestidas, era à custa de terem de se relacionar com homens ricos e poderosos, e muitas vezes repugnantes. Essa dicotomia está presente também na realidade e na representação dessas mulheres — e na das "outras" também. No fundo, tudo gira em torno da tensão entre o que se quer e o que se pode ter.

A construção do carioca

> Rio de Janeiro: nem melhor, nem pior, apenas uma cidade diferente (Araújo, 2000:9).

A história do Rio de Janeiro, mais que uma construção de fatos e aconteci-mentos, pode ser escrita também (e talvez de forma mais vívida) por meio do cotidiano de seu povo. O humor, a musicalidade, a informalidade, a busca de prazer são características particulares da identidade cultural do Rio. Com o estudo da dinâmica urbana e de seus habitantes, é possível conhecer melhor o processo de modernização das grandes cidades — dinâmica que determina a estética, as lideranças, a inovação e a criatividade das cidades (Araújo, 2000:9).

Na *belle époque* carioca, que se inicia com a subida de Campos Sales ao po-der em 1898, as mudanças no clima político afetam o meio cultural e social, e volta-se a ter a perspectiva de uma vida urbana elegante e civilizada (Needell, 1993:39). O Rio de Janeiro, capital da República, era o centro da maioria das mudanças no século XIX brasileiro. "De uma forma dialética, conviviam a con-tinuidade do passado colonial e o vislumbrar de grandes mudanças com a evo-lução da elite" (Needell, 1993:40-41).

As reformas no Rio de Janeiro, que foram realizadas efetivamente no governo de Rodrigues Alves, tiveram um significado surpreendente: elas transformaram o imaginário da elite carioca. Essa elite acreditava que as reformas seriam suficientes para uma profunda modificação nos modos de agir e pensar dessa nova sociedade. As crenças e fantasias de civilização, à medida que se realizavam por meio da europeização, pretendiam negar tudo o que fosse efetivamente brasileiro. A nova elite carioca entendia que, ao abraçar a *civilização*, deveria deixar para trás o que muitos viam como um passado colonial e atrasado (Needell, 1993:70). Já foi visto também que a realidade superou a fantasia, e, embora a elite tivesse esse desejo pela europeização, não

Ivan

foi possível fazê-la nos níveis mais populares: a mescla foi então inevitável e produziu bons frutos (e alguns azedumes).

O Rio de Janeiro do início do século XX pode ser comparado a um grande caldeirão em que se misturavam a ideia da cultura urbana — uma ideia importada de Paris, no caso do Rio —, a influência estrangeira nas manifestações artísticas e o espírito carioca na música, no teatro, na dança etc. Essa mescla que houve entre a cultura de elite — importada — e as expressões locais mostra a capacidade urbana do Rio de Janeiro de assimilar o externo e transformá-lo em uma nova forma de arte e de organização social. O Rio consagrou-se como o centro absoluto da vida política e cultural da nação, além de polo financeiro das transações capitalistas e centro magnético da nação, concentrando cidadãos de todos os cantos do país: políticos, artistas, músicos, jornalistas, escritores, desenhistas, boêmios, atrizes, entre outros (Araújo, 2000:10).

A cultura do Rio de Janeiro no início desse século era formada por invenções populares e elitistas, pelo confronto ou pela fusão desses dois lados, pela cópia do modelo externo, adaptação ou criação de uma linguagem ou de uma arte original (Araújo, 2000:11).

A revista *A Maçã* é fruto desse caldeirão. Espelhava de forma humorada e debochada todo o conflito existente não apenas entre o desejo de ser europeu (ou *civilizado*) e a condição de ser brasileiro mas também entre ser o "intelectual burguês" — com seu perfil de europeu tropical — e aquele intelectual que buscava uma síntese entre a cultura acadêmica e a cultura popular. Apresentando diversas manifestações da cultura carioca, *A Maçã* era uma vitrine do que se estava fazendo em teatro, música, cinema, literatura, artes gráficas (por meio da revista em si) e comportamento no Rio de Janeiro e no mundo. Embora privilegiasse a boa literatura, os autores e artistas consagrados, o semanário buscava neles a parte da obra que estivesse dentro de sua linha de publicação.

Estabelecendo uma estética particular em termos visuais e literários, *A Maçã* estava em sintonia com a linguagem que os cariocas haviam assimilado de nosso modelo — a França. Com uma defasagem temporal e certo esvaziamento de seu sentido original, o *art nouveau* — e depois o *art déco* — estava na arquitetura da avenida Central, na moda e nas páginas dos principais periódicos.

O período em que os movimentos modernizantes se consolidam no Brasil — que vai de 1870 até 1922 — é tido pelos críticos modernistas como afetado e superficial, apesar de sua popularidade. Há uma febre de mundanismo que o Rio de Janeiro começa a viver e que se reflete nas obras literárias: são contos, crônicas e folhetins que retratam o cotidiano que se vai moldando à modernidade. Essa literatura, que muitas vezes vinha acompanhada de ilustrações belíssimas em revistas ilustradas ou em capas de livros, buscou aliar o fascínio pelas novas conquistas do mundo moderno — a velocidade das baratinhas, a industrialização que levava o progresso até o universo doméstico, o mundo do consumo e o gosto pelo chamado supérfluo, pelo decorativo que se ia incorporando ao cotidiano da cidade que se queria, antes de mais nada, cosmopolita, como era o Rio de Janeiro dos anos 1920 (RESENDE, 2000:219).

De acordo com Beatriz Resende, a partir da década de 1930, a literatura produzida na década anterior começa a sofrer um processo de exclusão. No Rio de Janeiro, "o cosmopolitismo como gosto e comportamento dominante começa a ser questionado, visto como negação da realidade do resto do país" (RESENDE, 2000:219). O modernismo torna-se canônico, e a força adquirida por sua literatura exclui dos estudos literários qualquer produção que não seja considerada expressão legítima dele (RESENDE, 2000:218). Na arquitetura e no design, isso também ocorre e será discutido mais adiante. Beatriz Resende denomina a literatura produzida nesse período, no Rio de Janeiro, de literatura *art déco* e destaca três autores que melhor a representam: Théo-Filho, mme. Chrysanthème e Benjamim Costallat, que alcança mais visibilidade. Por outro lado, as revistas ilustradas tinham, na década de 1920, um papel decisivo na constituição do gosto na cidade. Há uma relação constante entre as revistas ilustradas e a produção literária. A iconografia das revistas ilustradas acompanha essas transformações de gosto e moda. Em 1920, J. Carlos cria a melindrosa, e mais tarde, o almofadinha. As artes gráficas sempre tiveram papel importante para reforçar a imagem definida pelo texto, e, nesse caso, esses personagens ganham vida e ajudam a construir todo um imaginário *art déco*.

Angelus

Angelus

Angelus

Angelus

Uma das manifestações importantes à qual *A Maçã* dedicava parte de seu conteúdo era o *teatro de revista* — ou o teatro musical ligeiro. Fortalecendo-se no Rio de Janeiro desde o início do século XX, o teatro de revista era uma mescla entre as tradições artísticas europeias e as tradições africanas, acompanhando de perto as rápidas mudanças de valores estéticos — na moda, na linguagem e no gosto da época — e prenunciando a vertigem da década de 1920 (LOPES, 2000:13). Sua linguagem tinha tudo em comum com *A Maçã*: compromisso com a diversão e sátira picante. Ao lado do teatro "sério", o teatro musical e de variedades utilizava como matéria-prima, além do *cancan*, um ritmo que nasceu em meados do século XIX: o maxixe.

A enorme popularidade das revistas levava vários autores teatrais, como Artur Azevedo e João do Rio, a escrever esse tipo de peça, a qual explorava cada vez mais o maxixe, a nudez das atrizes e a criatividade na elaboração de cenários e figurinos. Ao mesmo tempo que o teatro de revista fazia sucesso com o público e os intelectuais, havia certo descontentamento da elite política, que preferia frequentar os espetáculos montados pelas companhias europeias. O conflito estava instalado: *o que se entendia por arte dramática nacional?*

O Rio de Janeiro, cidade cosmopolita, capital federal construída para ser a vitrine que espelhasse a civilização nos trópicos, parecia uma espécie de síntese da nacionalidade e, ao mesmo tempo, era oposta ao regional. A invenção do carioca se transformava na invenção do próprio brasileiro ou como este seria "vendido" no exterior e nas outras regiões do Brasil: malandro, sensual, musical, humorado e criador do "jeitinho", preguiçoso e resistente à ordem estabelecida (LOPES, 2000:22).

A ilusão do intelectual burguês era a de que, à sua imagem e semelhança, o tipo-síntese do carioca brasileiro poderia adotar o perfil de um europeu tropical. A imagem que saía da revelação fotográfica, no entanto, era a de um africano lusitano, ou a de um lusitano africano, e nisso o Rio mantinha uma vantagem comparativa com seu mais direto competidor. Se São Paulo já então começava a disputar com o Rio de Janeiro o papel de vanguarda cultural, de sede da modernidade — e a Semana de 22 lhe daria clara liderança nesse sentido —, o Rio continuaria a traçar os contornos de uma identidade-síntese por meio de uma cultura urbana de massas que, em um momento, teve o teatro de revista como canal privilegiado, como seriam posteriormente o rádio, o cinema e a TV (LOPES, 2000:22-23).

A linguagem das ruas, com sua dicção e suas gírias, penetrara nos palcos. A música popular estava na vanguarda da formação da cultura urbana carioca e brasileira, e o teatro de revista mantinha com ela uma relação íntima. Funcionando como um canal de comunicação entre a cultura popular e as camadas médias e de elite, o teatro musical, em especial a revista, concentrava autores e novas canções de sucesso. Bastos Tigre, Arquimedes de Oliveira, Batista Coelho, Donga e Mauro de Almeida são exemplos de compositores que obtiveram grande sucesso com suas canções nas revistas. O carnaval também subiu aos palcos das revistas que, além de um canal, tornaram-se a corporificação da cultura de rua. De acordo com Lopes, "os personagens da revista ajudaram a consolidar uma autoimagem do carioca, seja pela representação de si (o malandro, o zé-povinho, a mulata), seja pela do 'outro' (o português, o interiorano, a francesa)" (LOPES, 2000:24). O corpo da mulher, foco do olhar masculino para o qual a revista era dirigida, foi o local privilegiado para a busca do modo carioca de ser. Mesmo seguindo o modelo francês, a pimenta local marcava a diferença no corpo feminino — e aí é possível perceber que o imaginário ilustrado e contado nas páginas de *A Maçã* não era exclusivo dessa revista; fazia parte da construção de uma identidade — a construção da identidade nacional/carioca. O maxixe foi o ritmo que dominou as revistas do início do século XX, e sua popularização, até mesmo nos salões franceses, não deixou de atingir as elites. Em 1915, o dançarino Duque e sua companheira Gabi fizeram um sucesso estrondoso dançando o maxixe nos salões parisienses. De volta ao Brasil, foram recebidos com festa, e o maxixe invadiu os salões cariocas também. Em 1916, Donga e Mauro de Almeida compõem "Pelo telefone", o samba que inauguraria um novo reinado (LOPES, 2000:27).

> Maxixe ou samba, o tempo provaria que nem sempre as ideias dominantes são as da classe dominante. A debilidade do projeto afrancesado das elites seria minada por um movimento subterrâneo e potente de abertura para valores miscigenados de cultura. Não é o caso de celebrá-los como valores de "resistência" das classes dominadas, tampouco de alternativamente acusar a apropriação indevida de elementos "autênticos" pelo poder. O fato é que só essa produção dialogizada de elementos interétnicos e de interclasses foi capaz de lançar um projeto de identidade passível de ser aceito por amplos setores da população como "a nossa cara". A partir dos anos 1930, interpretados em nível intelectual por *Casa-grande e senzala*, de Gilberto Freyre, esses elementos passariam a ser absorvidos e cooptados pelas classes dominantes (LOPES, 2000:28).

A construção da identidade carioca

A construção da identidade carioca vem sendo feita há quase cinco séculos e é fruto de múltiplas contradições, com conotações positivas — alegria, calor humano, belezas naturais — convivendo com aquelas percebidas como negativas — o mulato e o capoeira, por exemplo. No fim do século XIX, a miscigenação era considerada prejudicial ao progresso nacional, e o mulato carioca era visto como indolente, preguiçoso e pouco confiável, com jeito malandro, sendo um dos principais alvos da política sanitarista do início do século XX (Abreu apud Lopes, 2000:168-169). Somente mais tarde, quando teóricos começaram a discutir sobre identidade nacional e o conceito de raça foi substituído pelo de cultura, esse mulato carioca foi recuperado, tornando-se um dos principais símbolos da cultura brasileira, uma cultura mestiça, considerada rica justamente por ser o resultado de muitas misturas.

> A figura do mulato sambista [...] juntou-se à da mulata cabrocha, faceira e sensual. Mulatos e mulatas passaram a sintetizar uma cultura alegre e descontraída, calcada em ingredientes como a sexualidade e a musicalidade, sinônimos de carioquice e brasilidade (Abreu in Lopes, 2000:170).

O Rio de Janeiro sempre teve vocação para a cultura, e as variadas formas de ver e vivenciar o carioca foram construídas em uma cidade que sempre aglutinou "outros" — estrangeiros de outros países e de estados brasileiros. Não há quem venha para o Rio, entre nesse caldeirão de raças, ritmos, cores, sotaques e saia incólume. A miscigenação se dá inicialmente nos níveis intelectual e psicológico. Como a cidade é um centro polarizador de cultura, concentra intelectuais que interagem e se transformam, e acabam por absorver, cada um à sua maneira, um pouco desse espírito carioca no que ele tem de bom e de ruim. Trata-se de um espírito aberto a novas situações e significados, mas que faz questão de se afirmar em suas diferenças.

Ivan

A mulher e suas representações em *A Maçã*

Quem eram essas mulheres? Havia várias representações da mulher nas páginas de *A Maçã*. Às vezes era a melindrosa frágil, delicada e quase inocente; outras, a *cocotte*, a prostituta de luxo, seminua, com ousadas *lingeries*; ou ainda a mulher elegante da alta sociedade, muito bem vestida, escondendo-se do marido por estar com o amante; outras vezes era simplesmente a mulher comum, que, por mais comum que fosse, tinha sua sensualidade valorizada nos detalhes — um decote descuidado, um vestido curto demais...

O que estava acontecendo na cabeça das mulheres da década de 1920 que gerou, além de surpresas, tantos questionamentos nos homens, especialmente a esse grupo de intelectuais idealizadores de *A Maçã*?

A seguir, o conto "Como elas pensam", publicado em *A Maçã* (3/6/1922), dá algumas pistas:

> Contos do Almirante
>
> COMO ELAS PENSAM...
>
> ALICE — loura, casada, 28 anos, mulher *chic*, da alta roda.
>
> BELLINHA — morena, casada, 24 anos, temperamento romântico, ares de ingênua.

Mesa redonda, no jardim de inverno de Alice. Taças de chá, biscoitos, espalhados pela toalha bordada.

ALICE (*riscando a toalha com a colherzinha de chá*) — Tens tido notícias do Ernesto?

BELLINHA — Eu? Tenho...

ALICE (um ar de riso) — Afinal, o que houve entre vocês?

BELLINHA — Nada. Acabamos com tudo que havia... estabelecemos um pacto... somos, hoje, apenas amigos...

ALICE (*após um momento de silêncio*) — Vamos... conta isso como foi... eu preciso saber...

BELLINHA — Não foi nada, não, menina... Foi por causa da Guiomar... tu sabes...

ALICE — Vamos, conta...

BELLINHA — Eu te conto, sim... (*E animando-se*) Tu conheces a Guiomar... não conheces?... Pois bem... A Guiomar vivia com o marido na maior harmonia, quando conheceu o Castro Monteiro... Este apaixonou-se por ela, e encontravam-se em uma casa que ele alugou lá para as bandas da Tijuca... O marido descobriu, propôs o divórcio, separaram-se e o Castro Monteiro montou casa para ela...

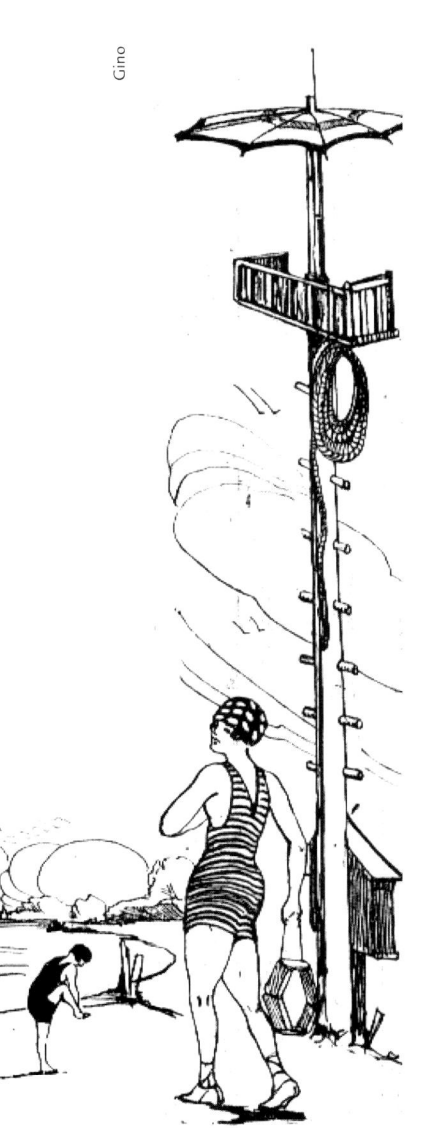

Gino

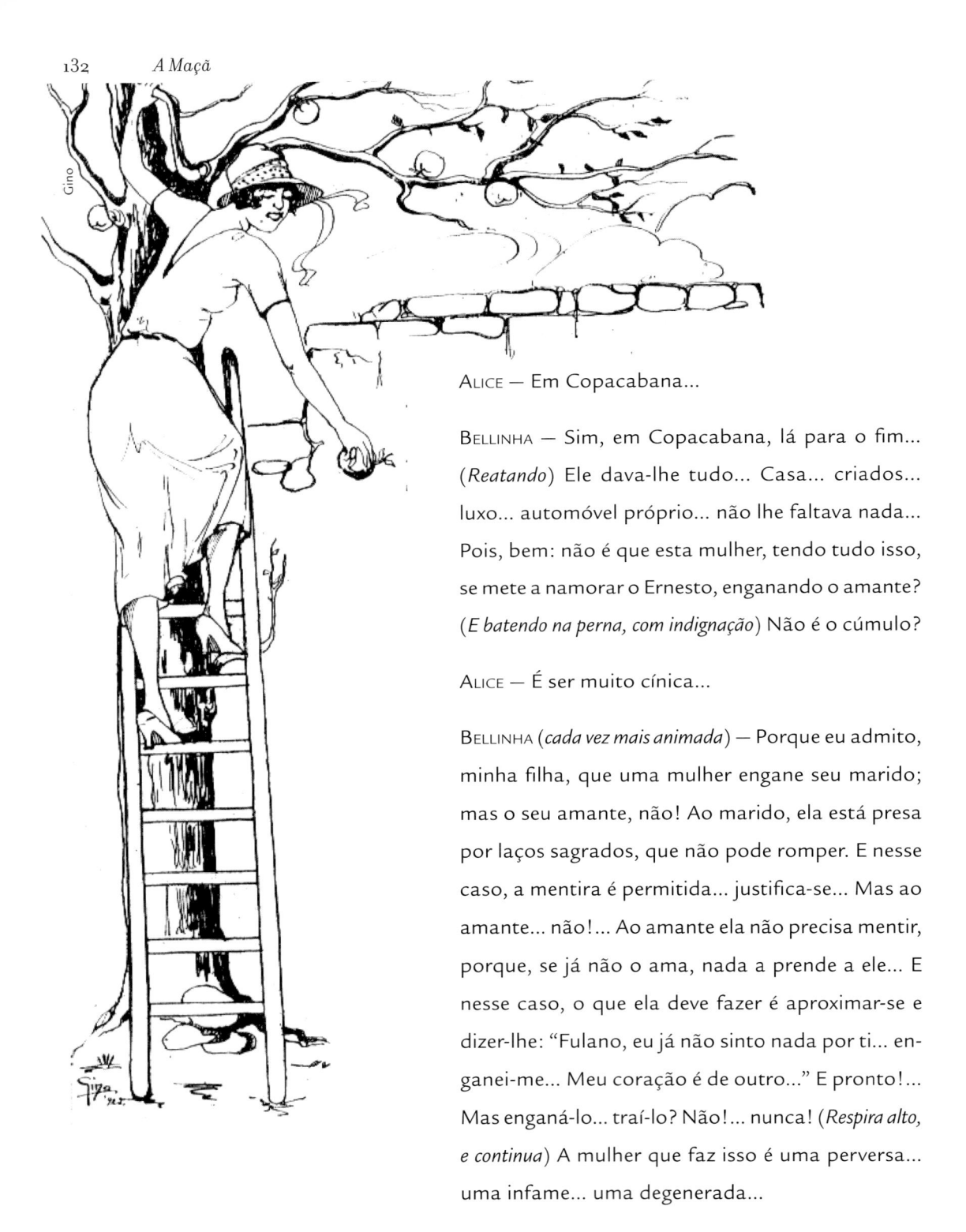

ALICE — Em Copacabana...

BELLINHA — Sim, em Copacabana, lá para o fim... (*Reatando*) Ele dava-lhe tudo... Casa... criados... luxo... automóvel próprio... não lhe faltava nada... Pois, bem: não é que esta mulher, tendo tudo isso, se mete a namorar o Ernesto, enganando o amante? (*E batendo na perna, com indignação*) Não é o cúmulo?

ALICE — É ser muito cínica...

BELLINHA (*cada vez mais animada*) — Porque eu admito, minha filha, que uma mulher engane seu marido; mas o seu amante, não! Ao marido, ela está presa por laços sagrados, que não pode romper. E nesse caso, a mentira é permitida... justifica-se... Mas ao amante... não!... Ao amante ela não precisa mentir, porque, se já não o ama, nada a prende a ele... E nesse caso, o que ela deve fazer é aproximar-se e dizer-lhe: "Fulano, eu já não sinto nada por ti... enganei-me... Meu coração é de outro..." E pronto!... Mas enganá-lo... traí-lo? Não!... nunca! (*Respira alto, e continua*) A mulher que faz isso é uma perversa... uma infame... uma degenerada...

ALICE — E ela, agora, está com o Castro Monteiro,
e encontrando-se com o Ernesto...

BELLINHA — Está, sim...

ALICE — E tu?

BELLINHA — Eu?... Eu... só... com o meu marido... (*E
desatando em soluços, a cabeça apoiada à ponta da mesa*)
Que desgraçada... que eu... sou... meu... Deus!...

Almirante Justino Ribas (Humberto de Campos)

É curioso como o autor escreve esse conto com duas personagens femininas, ambas apresentadas como mulheres da alta sociedade que afirmam não haver nada de mais em enganar o marido mas que enganar o amante é um absurdo. Surge a questão: os contos com esse tema – tão recorrente em *A Maçã* – eram uma fantasia desses escritores? Será que eles simplesmente projetavam essas mulheres modernas e ousadas? Ou as mulheres cujo diálogo foi relatado eram essas novas mulheres da modernidade? Provavelmente, ambas as situações.

As mudanças no comportamento feminino que vinham ocorrendo desde a virada do século XX chocaram muitos conservadores, preocuparam pais e estimularam debates a respeito do papel da mulher na sociedade, seus direitos e deveres. As moças "de família" já não precisavam andar pelas ruas da cidade acompanhadas pelas mães ou pelas damas de companhia. Aos poucos obtinham a liberdade de ir e vir.

Foi ainda no século XIX que começaram os questionamentos sobre a servilidade e a submissão da mulher ao homem, bem como o lugar das mulheres na sociedade. Os papéis destinados a elas eram então os de esposa, mãe e dona de casa. No entanto, muitas mulheres ingressaram no mercado de trabalho, o que as levou a questionar algumas regras estabelecidas. Se tinham deveres, por que não os mesmos direitos civis dos homens? Se trabalhavam e contribuíam para o progresso do país, por que não podiam eleger seus governantes — mais ainda, por que não poderiam governar? Em meados do século XIX, na Inglaterra e nos Estados Unidos, teve início um movimento feminino de grande repercussão mundial, feito, sobretudo, por meio de pequenos jornais, panfletos e cartazes. Essas publicações conclamavam as mulheres a passeatas, atos públicos de protesto, gerando grande euforia. O movimento sufragista, simbolizado pelas cores violeta, branco e verde, exigia inicialmente o direito ao voto em eleições públicas. Mais tarde, esse movimento evoluiu de tal forma que passou a questionar toda a participação da mulher na sociedade — desde o casamento até sua sexualidade —, como os direitos de ocupar cargos públicos, estudar e ter uma profissão, o que originou os movimentos feministas do século XX.

O ritmo das mudanças que vinham ocorrendo no início desse século afligia os conservadores. Muitas mulheres se posicionaram publicamente contra a imagem depreciada com que eram vistas e contra as restrições impostas às atividades econômicas e políticas. Como escreveu a articulista Iracema, da *Revista Feminina*, em 1921,

> a mulher só exerce sobre o homem o prestígio do seu sexo. Quando o homem não está mais sob o sortilégio exercido pelos encantos da mulher, esta deixa de ocupar-lhe o espírito, de interessá-lo (APUD MALUF; MOTT, 1998:370).

Quais seriam os reais desejos da mulher nesse momento? Elas começavam a reivindicar igualdade de direitos para ambos os sexos — na educação, no trabalho, na participação política —, libertando-se da dependência econômica do marido.

Era nas cidades que essas mudanças de comportamento se tornavam mais visíveis. A paisagem urbana, embora guardasse muito da tradição, era povoada por uma população nova e heterogênea, composta de imigrantes, egressos da escravidão e representantes da elite rural que se mudavam para a cidade. Diante da variedade de questionamentos, experiências e linguagens tão novas que as cidades passavam a sintetizar, intelectuais de ambos os sexos elegeram como os legítimos responsáveis pela suposta corrosão da ordem social a quebra de costumes, as inovações nas rotinas das mulheres e, principalmente, as modificações nas relações entre homens e mulheres (MALUF; MOTT, 1998:371).

A *Revista Feminina*, importante periódico destinado à educação das mulheres, sobretudo das aspirantes a jovens esposas, assumia papel intermediário entre apoio à emancipação feminina e conservação dos papéis tradicionais da boa mãe, esposa dedicada e abnegada. Se, de um lado, os homens reclamavam que as mulheres ora eram nervosas e dadas a exigências, ora desmioladas e frívolas — como afirmou o poeta Menotti del Picchia —, elas, por sua vez, acusavam os homens de infiéis e mal-humorados.

A relação da mulher com o casamento, cuja discussão foi iniciada pelas sufragistas, ecoou em todo o mundo moderno. O dever das mulheres, nas três primeiras décadas do século XX, foi traçado por um vigoroso discurso ideológico que reunia conservadores e reformistas, chegando a desumanizá-las como sujeitos para determinar os rígidos papéis que lhes cabiam. Desse modo, foram sendo construídas as formas de representação do comportamento feminino ideal, que limitaram o horizonte da mulher à esfera doméstica e reduziram ao máximo suas

Angelus

atividades e aspirações, até encaixá-la no papel de *rainha do lar*, sustentado pelo tripé mãe-esposa-dona de casa (Maluf; Mott, 1998:373).

A mulher parecia estar naturalmente destinada ao casamento e às tarefas que decorriam dele: filhos, trabalho doméstico, cuidado com a casa de modo geral. Além disso, sendo submissa ao homem, a mulher deveria honrá-lo, nunca importuná-lo com questões domésticas e fechar os olhos para seus deslizes, já que ao homem cabia a tarefa de trazer o sustento para o lar. Pois bem, isso também foi mudando, apesar das resistências.

No Brasil, o Código Civil de 1916 dava ao casal papéis complementares, mas não a igualdade de direitos. De acordo com Marina Maluf e Maria Lúcia Mott, vários preceitos do Código sacramentavam a inferioridade da mulher casada em relação ao marido. Ao homem cabia a representação legal da família, a administração dos bens do casal e dos particulares da esposa conforme o regime matrimonial adotado e o direito de fixar ou mudar o local de residência. A esposa era dependente e subordinada ao marido. Por exemplo, o direito da mulher casada ao trabalho dependeria da autorização do marido ou do arbítrio do juiz (Maluf; Mott, 1998:376). O poder do marido, porém, ia além disso; era permitido que o homem usasse de violência, podendo esta ser considerada legítima, dependendo da justificativa dada por ele.

> A violência só era vista como selvageria e brutalidade quando exercida diante dos considerados pelas classes médias e altas como seus iguais, ou daqueles que privavam com o casal. Dessa categoria estavam excluídos, por exemplo, os empregados domésticos, tratados como inferiores, não como iguais. Diante destes, a coerção física não era tomada como humilhante (Maluf; Mott, 1998:377).

O adultério também só servia como recurso para pedido de divórcio no caso dos homens. As esposas que flagrassem o marido em adultério dificilmente conseguiriam o divórcio. Muitas vezes, o sexo no casamento era visto como algo secundário e cabia à mulher apaziguar os ânimos do marido, contendo seus excessos masculinos, buscando uma atitude mais próxima do ideal de amizade amorosa. Cabia à esposa também fazer o possível para manter a harmonia conjugal, o que significava, por exemplo, não incomodar o marido com questões domésticas; recebê-lo em casa sempre com um sorriso; manter os filhos sempre limpos e educados; não pedir presentes supérfluos (MALUF; MOTT, 1998:396).

A cobrança da sociedade burguesa do início do século XX por uma mulher virtuosa, bela, educada e culta estava fartamente ilustrada nas revistas femininas da época. Estavam surgindo novos artigos sanitários que davam mais liberdade à mulher, roupas mais confortáveis — como o sutiã substituindo o espartilho — e novos eletrodomésticos que facilitavam o trabalho doméstico. Com o desenvolvimento industrial e urbano, o acesso a uma melhor escolaridade e a divulgação pela imprensa de uma participação maior das mulheres no espaço público depois da Primeira Guerra, sobretudo na Europa e nos Estados Unidos, o avanço do feminismo e as reivindicações das mulheres por melhores oportunidades acabaram por abrir novas possibilidades de trabalho fora do lar. Normalmente, essas profissões eram quase uma extensão das atribuições domésticas: professora, enfermeira, datilógrafa, secretária, telefonista, operária da indústria têxtil, entre outras. Mesmo assim, as mulheres casadas que quisessem trabalhar fora do lar precisavam da autorização do marido. Toda a educação feita por meio de periódicos para as jovens moças de família estava dissonante do conteúdo de *A Maçã*. Lá estavam aquelas mulheres solteiras, belas, ousadas, modernas, livres; para isso viviam sob o estigma de serem prostitutas, mulheres que tinham no sexo sua grande fonte de satisfação material. Esse confronto estava presente na sociedade e não era um comportamento exclusivamente fictício cristalizado nas páginas da revista.

No Brasil, o inconformismo entre as mulheres produziu verdadeiros ícones do movimento feminista. Mulheres à frente de seu tempo, que conseguiram, a duras penas, se impor profissional e politicamente. No *Dicionário mulheres do Brasil*, organizado por Schuma Schumaher e Érico Vital Brazil (2000), é possível encontrar diversos exemplos dessas mulheres. Um dos principais grupos que atuaram no Rio de Janeiro foi liderado por Bertha Lutz, filha da enfermeira inglesa Amy Fowler e do cientista e pioneiro da medicina tropical Adolfo Lutz. Nascida em 1894, Bertha estudou na Europa na adolescência, entrando em contato com a explosiva campanha sufragista inglesa. Em 1918, licenciou-se em ciências na Universidade de Sorbonne, voltando em seguida ao Brasil e ingressando como bióloga no Museu Nacional. Desde seu regresso, Bertha tornou-se uma defensora dos direitos da mulher no país. Sob o pseudônimo de Iracema, publicou um artigo contundente em resposta a um jornalista que afirmara que os progressos femininos em curso nos Estados Unidos e na Europa não teriam muita influência entre as mulheres brasileiras. Participou como representante do Brasil em congressos internacionais pela emancipação feminina e fundou, em 1919, junto com outras mulheres, entre elas Maria Lacerda de Moura, a Liga para a Emancipação Intelectual da Mulher, que foi o embrião da Federação Brasileira pelo Progresso Feminino (FBPF). Em 1922, após participação na Conferência Pan-Americana de Mulheres, trouxe ao Brasil representantes sufragistas da América do Norte e da Europa, e realizou, no Silogeu da Ordem dos Advogados do Brasil, o I Congresso Internacional Feminista, em comemoração ao Centenário da Independência do Brasil. Participaram do congresso, além das sufragistas, Jerônima Mesquita, Stella Guerra Duval, Maria Lacerda de Moura, os senadores Lauro Müller e Justo Chermont, solidários à causa das mulheres (SCHUMAHER; VITAL BRAZIL, 2000:106-107).

Nos anos 1920, a maior batalha foi pelo direito ao voto das mulheres. Formando uma comissão feminista, Bertha Lutz, Jerônima Mesquita, Ana Amélia Carneiro de Mendonça e Maria Eugênia Celso encontraram no parlamentar Juvenal Lamartine o apoio para a elaboração de um parecer favorável ao projeto. Apesar dos esforços, o projeto não foi aprovado no Senado. Apenas em 1932, após a Revolução de 1930, Getúlio Vargas assinava o novo código eleitoral, garantindo o direito das mulheres ao voto. Após essa conquista, Bertha Lutz teve atuação política e profissional brilhante até o fim da sua vida (Schumaher; Vital Brazil, 2000:107-108).

As mulheres começaram a buscar equilíbrio entre ser a esposa ideal e ter prazer e sentido intelectual em sua vida. Algumas pareciam não se contentar mais com a fórmula *casamento + filhos = felicidade garantida*. Tinham acesso aos romances, às novidades mundanas noticiadas nas revistas ilustradas, aos questionamentos sociais e políticos e passaram a procurar novidades — um vestido novo, joias, uma profissão, um novo corte de cabelo, perfumes e *toilettes*, cigarros, novas relações amorosas. A consciência do corpo como instrumento de liberdade e de prazer — apesar da inconveniência da gravidez, à qual o aborto era uma das únicas alternativas — e a conscientização de que as mulheres deveriam ter os mesmos direitos civis que os homens foram fatores que ajudaram a transformar essa mulher "frágil" — que se queria frágil, dependente e cega aos deslizes masculinos — em uma mulher com poder de dizer "não", de negociar com o homem de maneira mais igualitária e mais aberta às mudanças, sem abrir mão de suas particularidades.

Os colaboradores de *A Maçã* não depreciavam as mulheres em suas páginas. Eles realmente pareciam querer mostrar que elas, sim, eram felizes, sobretudo por exercerem poder sobre os homens. Por outro lado, não economizavam na ironia e na ridicularização desse homem — ele, sim, dependente e frágil diante daquelas jovens e belas mulheres.

A Maçã não era uma revista feminista no sentido político, pois não explorava questões políticas em seu conteúdo, mas parecia mostrar uma nova possibilidade de comportamento feminino. Dentro do espírito da revista e de sua linha editorial, em *A Maçã* as mulheres pareciam gozar de certa igualdade com os homens.

A Maçã: arte, técnica e design

Na última década do século XIX e na primeira do século XX, o profundo ecletismo de fontes, referências e formas utilizadas na arte em geral, na busca de um estilo novo para a modernidade, resultou no primeiro estilo verdadeiramente moderno e internacional que ficou conhecido como *art nouveau*. Seu surgimento e a sua popularização refletem todas as contradições que caracterizam a arte moderna. Embora sendo um estilo reconhecido e identificado por ter características marcantes e uma nítida unidade formal, não era produto de determinado grupo, mas de um agrupamento, feito por críticos e pela opinião pública, de uma série de designers, artistas e arquitetos em muitos países, que reunia obras muito variadas, desde cartazes e revistas, até joias, mobiliário, edifícios e obras urbanísticas (DENIS, 2000:87). Apesar de se manifestar como novo e atual por volta de 1900, a formação do *art nouveau* pode ser traçada a inúmeras fontes no século XIX, além da influência do *arts and crafts* e de movimentos artísticos como o simbolismo e esteticismo. Posicionando-se como estilo internacional e moderno, as diversas manifestações do *art nouveau* apresentavam diferenças regionais fundamentais. O estilo tornou-se o primeiro a ser divulgado em escala maciça, possibilitando a reprodução industrial intensiva de suas formas em artigos de todas as espécies (DENIS, 2000:88).

Para um aprofundamento sobre o surgimento do movimento *art nouveau*, os autores Jobling e Crowley (1996) abordam o aparecimento de um importante meio de comunicação na qual o design gráfico tem uma de suas mais férteis áreas de atuação: o cartaz.

> Compreendido por pessoas de todas as idades, amado pelas massas, o cartaz fala ao espírito nacional: vem satisfazer novas aspirações, e sua paixão pela beleza, por meio da educação do gosto, se espalha e se desenvolve ininterruptamente [...]. Essa arte não tem menos significado

ou menos prestígio que um afresco (MARX, 1977 APUD JOBLING; CROWLEY, 1996:77; TRADUÇÃO LIVRE).

Foi durante o século XIX, em Paris, que a era do cartaz impresso em litografia produzido em larga escala teve seu ápice. No princípio, panfletos monocromáticos impressos em tipografia nos anos 1830 culminaram de forma fervilhante no design colorido dos anos 1890, quando os cartazes publicitários transformaram totalmente o cenário urbano. A proliferação desses cartazes nesse contexto denota sua popularidade entre empresários e consumidores (JOBLING; CROWLEY, 1996:77).

Líder na caricatura do século XIX, a França foi a pioneira nessa forma híbrida entre design gráfico e arte, podendo ser destacados também alguns exemplares ingleses e americanos. O cartaz aparece paradoxalmente entre a arte e o comércio, e entre a propaganda e o entretenimento, e pode ser visto como uma construção ideológica com significado estético e político na década de 1890. Os autores expõem o debate nacionalista e estilístico do *art nouveau*, bem como a objetivação do prazer e da sexualidade discutida com base na iconografia do cartaz (JOBLING; CROWLEY, 1996:77). Curiosamente, a iconografia, o tema e a conotação dos cartazes franceses têm muito em comum com a maioria das capas da revista *A Maçã*, especialmente aquelas editadas entre 1922 e 1924.

O caráter artístico dos cartazes litográficos da década de 1890 se impôs à sua função comercial, criando um novo mercado para comerciantes e colecionadores de arte. Consequentemente, o status dos cartazes, nessa época, oscilava entre arte e comércio. Produzidos inicialmente para uso comercial, estes se transformaram em *objetos de desejo* para os consumidores. Mais que atraentes peças de design, os cartazes resultaram também em propaganda de gênero nacionalista e político (JOBLING; CROWLEY, 1996:85).

Um dos principais responsáveis pela retomada da litografia em cores — que vinha sendo desenvolvida desde o início do século XIX, com base no trabalho de Alöis Senefelder — foi Jules Chéret (1836-1932). Ele vinha experimentando técnicas de impressão em cores desde 1856 em Londres, mas apenas depois de voltar a Paris, dez anos mais tarde, estabeleceu seu novo estilo. Seu processo se baseou na superposição de três pedras separadas impressas em perfeito registro. Após aperfeiçoamentos de sua técnica, Chéret chegou a ganhar um prêmio do governo francês — o *Chevalier de la Légion d'Honneur* — por ter aplicado a arte à impressão industrial e comercial.

O investimento do Estado em Chéret, em 1900, não foi realizado apenas pelo desenvolvimento da litografia e por sua aplicação da arte no comércio mas também pela linguagem de representação aparentemente baseada nas tradições do estilo rococó. Roger Marx comparou a contribuição de Chéret ao design de cartazes com a pintura de Debucourt e Watteau às artes gráficas do período rococó original. A questão de gerar um estilo mais apropriado à era moderna do *art nouveau* foi preocupação entre políticos, artistas e escritores, encarada como uma forma significativa de reacender a hegemonia francesa sobre o restante do mundo na produção cultural e abafar a derrota na Guerra Franco-Prussiana em 1870. Entre 1885 e 1895, as exportações francesas estavam estagnadas e perdiam para Inglaterra, Alemanha e Estados Unidos (JOBLING; CROWLEY, 1996:86).

Em 1889, na Exposição Universal em Paris, a França teve a oportunidade de reivindicar para si a produção cultural expondo seu design no contexto internacional. O primeiro-ministro, Jules Ferry, querendo comemorar o Centenário da Revolução Francesa e afirmar sua visão da nova República francesa, celebrou a ciência moderna e a indústria. Duas estruturas emblemáticas foram inseridas no cenário urbano de Paris: a Galeria das Máquinas e a Torre Eiffel, que simbolizavam a liderança francesa na engenharia.

A explosão da litografia e o pioneirismo dos artistas franceses no design de cartazes geraram uma mobilização em debates nacionalistas a respeito da hegemonia francesa na produção artesanal e a necessidade de evocar um estilo marcante do período. Após 1871, a propaganda sobre o estilo nacional esteve concentrada em dois principais ideais: a releitura do rococó do século XVIII e a união de uma nova forma de representação com base na estética japonesa.

O *lobby* neorrococó teve início na década de 1880 e ganhou suporte oficial do marquês Philippe de Chennevières, diretor do Ministério das Belas-Artes entre 1873 e 1880, sucedido por Antonin Proust, ambos coroando o rococó como o estilo natural da França. Essa ideologia foi reforçada por meio de vários trabalhos acadêmicos na época. O interesse no estilo foi encorajado pelo Estado com o patrocínio na arquitetura e no design em vários níveis, incluindo a restauração de construções originais do século XVIII (JOBLING; CROWLEY, 1996:88).

A partir de 1890, o rococó passou a ser aceito como herança cultural oficial da França e ofereceu as bases para evocar um estilo patriótico e nacional no contexto do *art nouveau*. Essa foi uma das tendências estilísticas na época. A outra foi a cultura japonesa. A obsessão por essa cultura na França e pelas xilogravuras *ukiyo-e*, particularmente, cresceu muito após o reatamento de relações entre o Japão e o Ocidente. Além da venda de produtos japoneses, uma das grandes influências para o *art nouveau* foi a assimilação da estética japonesa e de seus princípios pelos designers e artistas (JOBLING; CROWLEY, 1996:89-90).

A linguagem da arte oriental influenciou muitos artistas do movimento *art nouveau*, como Toulouse-Lautrec, Pierre Bonnard e Édouard Vuillard. Essa inspiração que se deu nas artes gráficas e decorativas foi bastante criticada quando houve a construção da Maison de l'Art Nouveau, de Samuel Bing, em 1895. Bing convidou o designer belga Henry van de Velde para desenvolver três interiores e Bonnard, Vuillard, Ibels e Lautrec para fazerem séries de janelas com vitrais à moda japonesa. Vários críticos atacaram a Maison acusando o antipatriotismo no uso da arte e do design. O designer de mobiliário Charles Genuys dizia não rechaçar a arte e o design estrangeiros, mas defendia o uso de formas adequadas a cada nacionalidade (no caso da França, o rococó), que cada raça deveria ter seu design e que era desonesto imitar outros países nesse aspecto. O que Bing rebatia era que não se queria mera imitação, mas a assimilação da estética orgânica japonesa, que enriqueceria o velho patrimônio com o espírito da modernidade e que todos assistiriam à criação de um estilo nacional de vanguarda (JOBLING; CROWLEY, 1996:91).

O estilo japonês pode ser encontrado na maioria dos cartazes e das peças de artes gráficas na maior parte da Europa e da América durante a década de 1890. Na Inglaterra, a obsessão por artefatos japoneses teve início na década de 1860, culminando no esteticismo da década de 1880, que assimilou e compreendeu os princípios estéticos japoneses. Durante a década de 1890, cartazes de Aubrey Beardsley e o trabalho de Charles Rennie Mackintosh (que colecionava gravuras japonesas) combinam a expressividade da linha com formas mais simplificadas. Usavam ainda formas alongadas e vegetação estilizada. O chamado quarteto de Glasgow, do qual fazia parte Mackintosh, utilizou a linguagem japonesa no contexto de seus próprios caminhos para forjar uma identidade gráfica celta, da mesma forma que Lautrec e os outros utilizaram a gravura *ukiyo-e* como base para a linguagem moderna dos cartazes franceses. Na mesma época, o design gráfico americano começou a se transformar pelas tendências japonesas (JOBLING; CROWLEY, 1996:91-93).

A iconografia da maioria dos cartazes produzidos na Europa depois de 1890 foi dedicada à representação da vida noturna. Vários cartazes na Inglaterra promoviam novos teatros e *music-halls* que passaram a fazer parte do cenário urbano a partir da década de 1870. No entanto, a grande vedete da diversão era mesmo Paris, onde os espaços de entretenimento eram muito mais numerosos que em Londres desde a década de 1830. Paris era como um "teatro virtual", com novos parques, cafés ao ar livre, cabarés e novas formas de transporte, como ônibus e metrô. A partir de 1880, o cenário urbano se transformou com os novos *boulevards*, a construção da Torre Eiffel e a Igreja de Sacré-Cœur, situada em Montmartre, bairro de maior atividade artística e noturna de Paris. Vários artistas envolvidos com a criação de cartazes tinham lá seus estúdios. A vida noturna de Montmartre estava centrada nos teatros e cabarés. Os maiores eram Le Moulin Rouge, de Charles Zidler, construído em 1889, e Le Moulin de La Galette, de Nicholas Charles Debray. Outros menores mas igualmente famosos eram Le Cassino de Paris e Le Divan Japonais (JOBLING; CROWLEY, 1996:93-94).

A posição das mulheres durante os anos 1890 foi central nessa cultura de prazer e na atividade de pintores e designers de cartazes. Muitos trabalhos de renomados artistas gráficos fizeram ligações simbólicas entre retratos de figuras femininas e produtos e serviços anunciados, sendo esses produtos dirigidos às mulheres ou não (JOBLING; CROWLEY, 1996:95-96). Em vários países, a partir da segunda metade do século XIX, as mulheres lutaram pela emancipação feminina e pela igualdade de direitos sociais, jurídicos e políticos. Na Grã-Bretanha, as cartistas agitaram o Parlamento para terem acesso ao direito de voto nos anos 1860. A causa foi assumida por diversos grupos sufragistas, como o National Union of Women's Suffrage Societies, fundado em 1897 por Mrs. Fawcett, e o Pankhurst Women Social and Political Union em 1903. Em 1889, houve o primeiro Congresso Internacional dos Direitos das Mulheres, na Exposição Internacional de Paris, e vários periódicos de cunho feminista foram fundados entre 1889 e 1900. Em 1870, o Código Civil inglês permitia que os homens, no caso de adultério das esposas, se divorciassem ou as pusessem em cativeiro, mas elas não tinham o mesmo direito. Além disso, nos casos de assassinato da esposa adúltera, a justificativa do homem sempre era aceita, e ele nunca era condenado. Nessa época, vão sendo popularizadas várias formas de contracepção — a camisinha de borracha, por exemplo — para controle da natalidade, que começa pouco a pouco a declinar. Na França católica, a contracepção era proibida por lei, mas mesmo assim a taxa de natalidade estava em queda, e, em 1889, a população permanecia estagnada, pois mais e mais mulheres da classe média entravam no mercado de trabalho. O governo francês, temendo a fragilidade francesa, criou um órgão para incrementar e estimular o crescimento populacional com o intuito de trazer a mulher de volta à esfera doméstica e à maternidade. Para isso, as autoridades filosóficas, médicas e biológicas se opuseram à *nova mulher*. A predominância da perspectiva masculina consolidou a mentalidade de que a mulher era desprovida física e intelectualmente para estudar ou trabalhar. Nietzsche chegou a afirmar, em *Além do bem e do mal*, em 1886, que "quando uma mulher tem inclinações para o estudo é porque deve haver algo de errado com sua sexualidade" (JOBLING; CROWLEY, 1996:97).

Em torno desses argumentos, estava a crença de que as mulheres emancipadas eram, em diversos aspectos, masculinizadas ou prostitutas. Na França, o termo *hommesse* (homenzinha) era uma representação comum dessa *nova mulher*. A *hommesse* foi um estereótipo comum na imprensa ilustrada francesa, normalmente fumando cigarros, vestida com sobrecasaca, camisa e gravata. O alcance desse estereótipo foi grande, podendo ser encontrado em diversas revistas brasileiras, inclusive em *A Maçã*.

A prostituição mereceu igualmente a atenção do Estado em virtude do aumento da incidência das doenças venéreas. Houve verdadeira cruzada moral para identificar as prostitutas e levá-las à força a médicos para serem examinadas e reabilitadas. A campanha higienista era dirigida sobretudo às mulheres trabalhadoras, lavadeiras e costureiras, que muitas vezes eram forçadas a se voltar para a prostituição a fim de complementar sua escassa renda (JOBLING; CROWLEY, 1996:98). É interessante ver como os cartazes de anúncio e as peças gráficas promocionais desse período tinham a tendência de representar as mulheres invertendo ou disfarçando os interesses da classe e cultivando uma imagem ameaçadora da "nova mulher", transformando-a em objeto de fetiche do desejo masculino. Nos cartazes, as mulheres eram musas, e a sexualidade feminina simbolicamente relacionada aos produtos e serviços que anunciavam. Mulheres eram retratadas em trajes íntimos e com suas pernas à mostra de forma provocativa, despertando a fúria dos censores (JOBLING; CROWLEY, 1996:98-99).

Essa objetificação da feminilidade era feita para exclusivo deleite do espectador masculino, mas vários anúncios com atores e atrizes como registros de prazer e diversão são representados de forma ambivalente. Indo contra o estereótipo da *hommesse*, os artistas representavam, nos anúncios de cigarro, tipos femininos mais positivos e realistas. Toulouse-Lautrec, que frequentou bordéis regularmente entre 1892 e 1895, retratou sua simpatia pelas prostitutas posicionando-as no contexto social. Não as retrata como tipos ideais, mas como trabalhadoras de diferentes idades em sua rotina diária, banhando-se e penteando-se, antes ou depois do ato sexual (JOBLING; CROWLEY, 1996:99-100).

Os cartazes da década de 1890 têm valor significativo na história da comunicação gráfica em diversos níveis. Em primeiro lugar, eles começaram a forjar a estética modernista do design gráfico no uso intenso da cor, no tratamento do espaço e da forma, e na integração da tipografia com os elementos pictóricos. Além disso, o cartaz litográfico do *fin-de-siècle* não foi simplesmente uma obra de arte isolada, mas uma *peça de design comercial* utilizada em diversas atividades culturais. Os cartazes estavam também no meio da discussão em torno do modernismo, da cultura e da identidade nacional francesa. Ao mesmo tempo, funcionavam como veículos de promoção da diversão e dos negócios mais diversos, como cigarros, bebidas, bicicletas e lâmpadas, objetivando muito mais que a construção de estereótipos masculinos e femininos. Os cartazes eram feitos exclusivamente por artistas homens e direcionados a um público, em sua maior parte, masculino. Cartazes para teatros, cafés, cabarés e casas públicas tinham apelo visual para ambos os sexos, e vários anunciavam cosméticos para o mercado feminino. Os cartazes do *fin-de-siècle* incorporaram a celebração visual da cultura capitalista e dos valores humanos representados como bens, simbolicamente relacionados aos produtos anunciados (JOBLING; CROWLEY, 1996:101).

Esse panorama da construção do *art nouveau* como estilo considera o projeto ideológico que envolvia o projeto artístico com o objetivo de regeneração do nacionalismo francês. Tal projeto, ao se realizar, foi muito além das fronteiras francesas, chegando até mesmo ao Rio de Janeiro do início do século XX. Com uma defasagem de tempo, é possível enxergar um paralelo na trajetória das relações entre a ideologia do Estado francês (regeneração/nacionalismo), os novos caminhos da arte e do design e os movimentos sociais — entre eles o feminismo —, e o estabelecimento do projeto de *regeneração* realizado no Rio de Janeiro do início do século. Dessa forma, vê-se como foi eficaz, notadamente entre a elite, o projeto de civilização/europeização realizado no Rio de Janeiro. A assimilação do ideário francês do fim do século XIX ocorreu em todos os níveis: na educação, no design, na arquitetura, na urbanização, na moda, no pensamento e no comportamento.

Quanto às características formais do *art nouveau*,

o estilo está associado na imaginação popular com a sinuosidade de formas botânicas estilizadas, uma profusão de motivos florais e femininos em curvas assimétricas e cores vivas, com a exuberância vegetal de formas que brotam de uma base tênue, se impulsionam verticalmente, se entrelaçam e irrompem em uma plenitude redonda e orgânica: culminado, tipicamente, em flores douradas, asas de libélula ou penas de pavão. Porém, o *Art Nouveau* também abrange a austeridade de formas geométricas e angulares, a contenção de linhas de contorno pronunciadas, a severidade de planos retos e delgados. Em muitas de suas manifestações o *Art Nouveau* acaba se confundindo com os motivos e formas do *Art Déco*, seu sucessor como estilo decorativo. Embora se estabeleça geralmente um contraste entre um e outro estilo — com o *Art Déco* caracterizado como menos ornamentado e mais construtivo, menos floral e mais geométrico, menos orgânico e mais mecânico, menos um entrelaçamento de linhas e mais uma sobreposição de planos — na verdade, existe uma continuidade muito grande em termos formais, um diálogo, mais do que uma disputa (Denis, 2000:87).

Ambos foram estilos essencialmente decorativos e ornamentais, e com uma trajetória que tem início na produção restrita de artigos de luxo para mais tarde serem popularizados em artigos de massa que, apesar de trazerem as características formais, já estavam alterados em relação a seu sentido original. Enquanto o *art nouveau* está associado ao período que vai do fim do século XIX até a Primeira Guerra Mundial, período chamado *belle époque*, o *art déco* está associado ao período imediatamente posterior, as décadas de 1920 e 1930. No Brasil, esses estilos funcionaram mais como afirmação da modernidade; ambos chegaram aqui com alguma defasagem e foram apropriados avidamente pelas elites locais. A proliferação dos dois estilos foi surpreendente, especialmente na arquitetura e na área gráfica — em que as revistas ilustradas tiveram seus grandes momentos, com belas capas e novos acabamentos. É no início do século que livros e periódicos passam a receber mais atenção dos livreiros e editores em relação ao projeto gráfico, e os movimentos *art nouveau* e *art déco* sustentam graficamente, por algumas décadas, a linguagem editorial no Brasil.

A Maçã, como projeto editorial carioca, estava em concordância com a linguagem artística que florescia no início do século XX. Explorando graficamente o conceito geral da revista — a sátira picante, as mulheres, o almofadinha, a traição, o desejo —, utilizou de forma inovadora a ilustração, a caricatura, a vinheta (pictórica e tipográfica), a diagramação, os logotipos, as cores, fazendo dela uma fonte rica de pesquisa no campo do design gráfico.

É possível observar em *A Maçã* a transformação do uso do ornamento. Se, no início, predominavam desenhos, ilustrações, caricaturas, a eles vão se somando os acabamentos tipográficos — indicando tendência de ascensão do movimento *art déco* —, a geometrização e a supressão gradativa da linha curva e ondulante do *art nouveau*. O uso do vermelho e preto também é uma característica do *art déco* utilizada em *A Maçã*; lembram os laqueados, o exotismo oriental, a riqueza da joalheria. Essa passagem de um estilo para outro, porém, não foi feita de maneira rígida. Houve muito mais uma soma e um trabalho constante de busca de novas linguagens gráficas que apenas aplicação de fórmulas prontas. A criação da revista, sua malha de diagramação, aplicação de tipos, vinhetas, o conjunto que determinava a linha gráfica da revista, tudo foi desenvolvido com liberdade e requinte.

Quando se fala de ornamento, normalmente se imagina aquele detalhe *a mais*, colocado de forma às vezes aleatória em um produto e que, se não existisse, talvez não fizesse falta. Na verdade, a discussão em torno do ornamento e de sua utilização já foi muito mais complexa do que julga o senso comum, e essa discussão é determinante para um questionamento de por que persiste, ainda hoje, entre muitos, a ideia de que o ornamento é algo supérfluo e dispensável.

Gilberto Paim (2000), ceramista e pesquisador, analisa as concepções teóricas sobre o ornamento de John Ruskin, Aloïs Riegl, Wilhelm Worringer, Clement Greenberg, Louis Sullivan, Frank Lloyd Wright, Adolf Loos, Henry van de Velde, Ernest Bloch, Le Corbusier e Bernard Leach, sem isolá-los em uma hierarquia de categorias discursivas.

> Entre 1850 e 1950, período de extrema fertilidade para a arte e de muita turbulência para a humanidade, o ornamento esteve no centro de um debate caloroso, envolvendo artesãos, artistas, arquitetos, designers, críticos, teóricos e historiadores da arte. A fermentação, a eclosão e a consolidação do modernismo estiveram intimamente associadas à reflexão sobre o ornamento — cujas relações com a natureza, o trabalho, o consumo, a experiência estética, a abstração, os materiais da arte e a criação foram amplamente exploradas. As diferentes teorias do ornamento expressaram a ambição das utopias (PAIM, 2000:9).

> As ondas sucessivas de exaltação e condenação do ornamento ultra-
> passaram em muito as considerações estritamente estéticas. Os orna-
> mentos perderam a insignificância glamourosa a eles atribuída pelo
> senso comum, assim como o status de "belezas livres" — formas puras
> emancipadas da representação — que lhes foi prometido pela filosofia
> de Kant, para participar intensamente da vida humana e reconquistar
> a sua dimensão material (Paim, 2000:10).

A industrialização transformou radicalmente a presença dos ornamentos nas grandes cidades da Europa e das Américas a partir da segunda metade do século XIX. Fabricados anteriormente por artesãos que utilizavam materiais e procedimentos técnicos aperfeiçoados lentamente durante séculos, os ornamentos passaram a ser feitos em galpões industriais segundo as exigências da produção em série.

> Novos métodos de organização do trabalho, técnicas e materiais foram
> desenvolvidos para multiplicar a produção; o artesão que trabalhava
> com uma pequena equipe de colaboradores e aprendizes foi substituído
> pelo operário responsável por um fragmento incessantemente repetido
> da cadeia produtiva. Os ornamentos deixaram de ser concebidos e
> fabricados exclusiva ou prioritariamente em função de projetos especí-
> ficos de residências ou prédios públicos, envolvendo a participação de
> arquitetos, artistas e artesãos, para se transformarem em mercadorias
> produzidas em larga escala e direcionadas ao consumo de diferentes
> camadas da população urbana. Submetidos às estratégias de ampliação
> e diferenciação dos mercados, os ornamentos se tornaram importantes
> catalisadores da expansão do capitalismo industrial (Paim, 2000:13).

O objetivo da aplicação de novas formas ornamentais era embelezar as cidades e tornar os lares mais acolhedores em um período dramático de refluxo da natureza, alta concentração de renda, crescimento da pobreza e avanço da poluição. Os ornamentos reproduzidos nos catálogos comerciais e expostos nas vitrines de lojas de departamento deveriam seduzir o olhar, excitar as vendas, gerar lucros e impulsionar novos investimentos.

O fim do século XIX foi o tempo da publicação dos repertórios de padrões ornamentais considerados representativos de diferentes períodos históricos e de outras civilizações. Eles eram classificados segundo três critérios: origem (egípcia, grega, entre outras), componentes (geométricos, florais, animais) e aplicações (arquitetura, cerâmica, mobiliário...). Os repertórios não foram uma invenção do século XIX, mas remontam às coleções de gravuras ornamentais do século XVI com o mesmo intuito de fornecer referências a arquitetos, artistas e artesãos, e tornaram-se uma fonte preciosa de informação, ocupando importante papel na difusão sucessiva dos estilos decorativos. Sua função não era contemplativa, mas prática: esses padrões se espalharam pelo mundo, tornando-se abrangentes e volumosos, sendo imitados e recombinados de acordo com a vontade e a ousadia de quem os tivesse na mão. Assim, os ornamentos foram violentamente desvinculados do conjunto artístico ao qual pertenciam e dos materiais que lhes serviam de suporte, ganhando múltiplas e inesperadas aplicações, com frequência combinados a outros ornamentos provenientes de épocas e culturas das mais diversas (Paim, 2000:15).

> Os ornamentos foram compreendidos e utilizados como formas desmaterializadas e descontextualizadas; imagens fantasmáticas utilizadas ora na fachada de um edifício, ora em um saleiro de metal. O combate a essa "*fantasmagoria* fez surgir o debate moderno sobre o ornamento — o qual, ao longo das décadas seguintes, incorporou diversos outros temas e apresentou múltiplas ramificações" (Paim, 2000:16; grifo do original).

Os ornamentos industriais foram frequentemente execrados por profissionais ligados à arquitetura e às artes, que os consideravam falsos, vulgares, corruptores do gosto, responsabilizando-os por um processo de monstrificação das coisas.

A determinação de conter a produção e a proliferação das formas ornamentais estimulou todo o debate. Os ornamentos se tornaram respeitáveis propulsores de discursos, inclusive dos discursos antiornamentais aos quais se costuma associar o ascetismo modernista da primeira metade do século XX. Em *A idade da eloquência*, Marc Fumaroli condensa informações que permitem traçar um paralelo entre o combate à fantasmagoria ornamental na arquitetura, no artesanato e no design, e o combate à retórica que levou à eliminação do seu ensino nos colégios e nas Universidades, com exceção das faculdades de Direito. Ornamentos visuais e verbais foram considerados pedantes, artificiais e monótonos. Em nome da clareza e da espontaneidade, a desqualificação da "velha retórica" conduziu a experimentação modernista em direção ao grau zero do ornamento (PAIM, 2000:17).

Embora os reformistas do design do século XIX tenham sido extremamente críticos em relação à mutação industrial dos ornamentos e tenham repudiado a imitação, o ecletismo e o naturalismo em favor de modalidades mais sutis e abstratas de ornamentação, não duvidaram de que os ornamentos fossem uma necessidade da vida humana. Ralph Wornum expressou claramente essa convicção:

> No mundo civilizado, a beleza do efeito e da decoração não é um luxo, como o aquecimento e o vestuário não são luxos em outros estágios. A mente, assim como o corpo, faz tudo o que é necessário para se deliciar permanentemente. O ornamento é uma necessidade da mente, que gratifica através do olho; no seu sentido estritamente estético, tem uma analogia perfeita com a música, que gratifica a mente através de outro órgão — o ouvido (WORNUM APUD PAIM, 2000:20).

A ênfase na naturalidade do impulso ornamental e o repúdio à utilização fantasmagórica das formas ornamentais pela indústria estimularam a

> revitalização de diversos ofícios artesanais que haviam desaparecido com o advento da industrialização. Os artistas que surgiram na segunda metade do século XIX, entusiasmados pela positividade das ideias de John Ruskin sobre os ofícios artesanais, empenharam-se em reintegrar a criação e a produção e em explorar os recursos plásticos da cerâmica, do vidro, da madeira etc.; procuraram interromper a assombração dos ornamentos do passado sobre as formas cotidianas (PAIM, 2000:21).

A definição negativa do ornamento como uma arte na periferia da arte foi questionada.

> A valorização da unidade e da criatividade ornamentais trouxe o *art nouveau* para a frente da cena. Em vez de aplicar sobre os materiais ornamentos previamente catalogados ou criados originalmente por pintores e escultores consagrados, os artistas *art nouveau* inventaram novas formas a partir da exaltação da linha sinuosa privilegiada por Ruskin e de uma apreensão extraordinária das formas da natureza e das possibilidades plásticas dos diversos materiais (PAIM, 2000:21).

A história do ornamento começa a ser escrita por Owen Jones em sua *Gramática do ornamento*, de 1856. Outros dois expoentes são *Questões de estilo*, de Aloïs Riegl, de 1893, e *A gramática do lótus*, de W. H. Goodyear, de 1891. Embora aparecesse como uma ramificação da história da arte, a história do ornamento, deslocando o foco da pintura e da escultura, questionou a exigência mimética da arte, enfatizou a vontade da forma, desconsiderou o princípio de autoria e evidenciou a circulação e a transformação das formas por meio das mais diferentes culturas, tornando menos rígidas as fronteiras entre a arte ocidental e a oriental, e entre a arte dos povos civilizados e a dos povos primitivos (PAIM, 2000:18, 21).

> A análise comparativa privilegiou a inclinação abstrata do ornamento [...] A *pura visualidade* atribuída aos ornamentos pelos historiadores e teóricos

da arte transformou-os num desafio ao mesmo tempo libertário e constrangedor para os pintores abstratos (Paim, 2000:18, 22; grifo do original).

Durante a consolidação do modernismo, o ornamento se caracterizou como uma arena na qual diversas forças puderam se manifestar, revendo as fronteiras entre arte e natureza, criação e imitação, representação e abstração, trabalho alienante e trabalho enriquecedor, fruição estética e consumo. Além de contribuir para a definição de estratégias para a arte, a arquitetura e o design, a tematização do ornamento forneceu elementos para uma análise crítica do mundo industrial (Paim, 2000:22).

O pensamento do artista, crítico e teórico da arte e da sociedade John Ruskin foi essencial para o debate moderno sobre o ornamento — tema constante em seus numerosos e influentes escritos sobre pintura, arquitetura, economia e política. Suas ideias se tornaram referência para todos aqueles que refletiram sobre o assunto na modernidade.

> Elas foram decisivas para o surgimento do Movimento de Artes e Ofícios e do *art nouveau*; contribuíram de modo substancial para a reforma do design industrial [...]; definiram a trajetória do artista e escritor inglês William Morris; fomentaram a criação de oficinas artesanais em diversos países europeus, principalmente Bélgica, França, Alemanha e Áustria. Na América do Norte, as ideias de Ruskin deram origem ainda a diferentes experiências de vida comunitária (Paim, 2000:25).

> A crítica radical de Ruskin aos ornamentos industriais não se limitou apenas aos seus aspectos estritamente estéticos, uma vez que, para ele, estes eram indissociáveis das questões econômicas, morais e religiosas. [...]Ruskin reagiu implacavelmente à transformação moderna dos ornamentos em formas livremente agenciáveis, infinitamente repetidas pela indústria e espalhadas sem maiores critérios sobre os objetos e a

arquitetura. Segundo ele, a repetição sem variação gerada pela indústria era incompatível com a arte do ornamento (Paim, 2000:26).

Para ele, a reprodução fiel dos padrões ornamentais era menos importante que a contribuição de cada artesão ao progresso infinito destes padrões. Segundo Ruskin, a industrialização interrompeu a mutação dos padrões ornamentais, fixando-os e esvaziando-os do seu potencial expressivo; ela impediu o investimento individual de alegria e vitalidade, essenciais ao surgimento da beleza. [...]. A mecanização substituiu a variedade conquistada pelo trabalho artesanal por uma tenebrosa monotonia[...] (Paim, 2000:26-27).

Não era apenas o modo como o trabalho da ornamentação havia sido transformado pelas práticas industriais que preocupava Ruskin; a agitação e a confusão cada vez mais intensas da vida urbana transformavam também a natureza do olhar, tornando a contemplação dos ornamentos proporcionalmente mais remota e improvável. A proliferação de ornamentos que satisfazia a moderna dispersão do olhar tendia também a agravá-la. [...]. Tal convicção contraria radicalmente o senso comum, que costuma supor que os ornamentos podem e devem ser observados desatentamente, merecendo apenas a periferia do olhar. Supõe-se que os ornamentos podem ser notados mas que não devem ser realmente *vistos* (Paim, 2000:29-30; grifo do original).

Para Ruskin a arte da ornamentação e as transformações do mundo moderno eram incompatíveis, tanto que condenava a ornamentação nas estações ferroviárias.

Não apenas a trepidação, o barulho e a fumaça dos trens impedem a contemplação, mas o próprio traçado das linhas férreas sobre os campos e as colinas. A beleza ruskiniana era principalmente sinuosa. Antes dele, o pintor britânico William Hogarth elegera a linha ondulada como a linha da beleza, devido à sua impressão de movimento e vivacidade. Alertado por Ruskin, o *art nouveau* fez da linha sinuosa a matriz de suas criações (PAIM, 2000:31).

Ao refletir sobre essa relação íntima entre a interferência gráfica e o suporte — a revista —, é possível ver a grande intimidade que havia entre a mensagem visual e a verbal em *A Maçã* para que possibilitasse a riqueza do resultado final. A interferência gráfica enaltece, faz vibrar o texto, valoriza e cria espaços cênicos, cria ambientações para o texto, com liberdade e domínio da linguagem artística. Se a literatura e a arte se modificaram com o caminhar do movimento modernista, essa interferência gráfica também se modificou, mas a relação se manteve íntima, e a "ambientação" mais próxima àquela encontrada no cotidiano do público. Era a moda que se afirmava e vinha trazer novos códigos e sistemas simbólicos para a nova sociedade moderna.

> A consagração internacional da estética racionalista de Le Corbusier no pós-guerra, com a sua ênfase na exclusão do ornamento e das artes decorativas, certamente contribuiu para eclipsar uma produção artística e intelectual riquíssima. Ao retomarem o debate nos anos 60, os arquitetos pós-modernos não puderam senão expressar a sua revolta contra um antiornamentalismo unidimensional (PAIM, 2000:10-11).

Os artistas e projetadores da revista usaram os estilos *art nouveau* e *art déco* como referência, criando uma identidade para *A Maçã* e posicionando-a perante o público e o mercado editorial da época. Por meio da comparação com outras revistas do mesmo período, observa-se que havia muita preocupação com a qualidade gráfica — desde o projeto até a impressão e montagem —, o planejamento do uso de cores e a saturação de retículas, a qualidade do papel, o acabamento dos clichês e, sobretudo, com a unidade da publicação.

A Maçã é um exemplo de projeto editorial cuidadoso, requintado, e são inegáveis seus valores estético, literário, histórico e de conteúdo gráfico. Traz em seu corpo conceitos, recursos e inovações gráficas surpreendentes ainda hoje, quando às vezes não são considerados designers aqueles profissionais pioneiros que ajudaram a consolidar as bases do design brasileiro.

Considerações finais

Qualquer estudo que se proponha a complementar a história do design no Brasil deve estar aberto às manifestações não acadêmicas dessa área. Hoje já vislumbramos mudança de paradigma e podemos afirmar com tranquilidade que o design começa a existir como profissão no país bem antes dos governos de Getulio Vargas e Juscelino Kubitschek.

A Maçã explicita de modo relevante o exercício da atividade do designer em um momento em que o design não contava com um ensino sistematizado no Brasil. No caso da imprensa, desde o século XIX, o aprendizado ocorria sobretudo na Imprensa Régia e no Liceu de Artes e Ofícios, além das oficinas das próprias tipografias. A análise das páginas do semanário de Humberto de Campos demonstrou uma riqueza de soluções gráficas, simbólicas e técnicas surpreendente. É inegável a preocupação com a qualidade literária e com a apresentação gráfica, ou seja, com a linguagem da revista de modo geral.

O design faz parte da cultura; não é uma disciplina isolada, pois não existe por si só, mas, sim, em função de uma configuração social. Assim, é fácil perceber as infinitas possibilidades de aproximação entre o design e as mais diversas áreas de conhecimento, como literatura, história, ciência, matemática, entre outras. O importante é estar aberto a essas aproximações.

Esta pesquisa foi uma *garimpagem*. Após a definição do objeto de estudo e da revisão bibliográfica, procurei as instituições que tivessem em seu acervo exemplares da revista *A Maçã*. A biblioteca da Academia Brasileira de Letras foi a primeira a ser consultada e, com total liberdade, foi possível observar e documentar os exemplares compreendidos entre 1922 e 1924. Lá foram encontradas também algumas pérolas de Humberto de Campos e sua desconhecida biografia feita por Macário de Lemos Picanço, fundamental para melhor compreensão do idealizador de *A Maçã*. Em seguida, foram consultados os exemplares da coleção Plínio Doyle, da Fundação Casa de Rui Barbosa, editados entre 1925 e 1928.

Quando deveria ser realizada a documentação fotográfica, três meses após o fichamento das revistas, os exemplares de 1927 e 1928 foram roubados e apenas os restantes (1925 e 1926) puderam ser documentados. Na Fundação também foram consultados vários recortes de jornais e revistas referentes a Humberto de Campos, extremamente úteis para a obtenção de dados complementares.

Os exemplares de 1929 foram consultados em microfilmes na Biblioteca Nacional, onde encontrei importante bibliografia, em especial o livro de Cássio Loredano (1988) — *Guevara e Figueroa: caricatura no Brasil nos anos 20* —, que ajudou a confirmar várias suposições sobre a atuação profissional de Andrés Guevara.

Artes gráficas no Brasil: registros 1746-1941, de Ademar Antonio de Paula e Mário Carramillo Neto (1989), também esclareceu alguns mistérios das artes gráficas no Brasil, juntamente com o *Dicionário de artes gráficas*, de Frederico Porta (1957). Complementando a bibliografia, a obra completa de Humberto de Campos foi cedida para a pesquisa pelo meu saudoso *avô* José Ferreira Soares, além de outras obras indispensáveis, como *A vida literária no Brasil 1900*, de Brito Broca (1956), e *A alma encantadora das ruas*, de João do Rio (1951).

Embora a análise de *A Maçã* tenha sido feita sob a ótica do design, essa visão, hoje mais flexível que no início, tornou-se também mais apurada. A busca pelas reminiscências, pelos fragmentos e evidências deixados nas entrelinhas dos contos, nas memórias e na biografia de Humberto de Campos, nos recortes de jornais e nas soluções de projeto contidas nas páginas da revista deram a resposta para meu questionamento inicial: *Havia um profissional que exercia a profissão de designer em 1920 no Brasil?* Sim. Antes até, certamente.

A descoberta de *A Maçã* gerou surpresa, alegria e divertimento. Além disso, proporcionou a confirmação de que as construções da linguagem estética podem ser definidas e redefinidas a todo instante. Por outro lado, certificou que a história é escrita e apresentada de diversas maneiras, privilegiando interesses em geral bem diferentes daqueles que sensibilizam o homem. Como muitas vezes esse sentimento é atropelado pela propaganda maciça e pela repetição sem questionamento que recebemos todos os dias em diferentes níveis — nas novelas, nos documentários ou nas universidades —, ele se dilui. As pessoas que viviam no início do século XX pareciam estar participando desse questionamento social e artístico, e não apenas aceitando tudo como verdades absolutas. Em algum momento, certas ideologias se sobrepõem e se impõem a outras. É nesse momento que se esquece, aos poucos, que o caminhar para a frente pede que se olhe para trás a fim de que, com base em novas descobertas, se reinvente o viver cotidiano de forma mais humana e criativa.

Lista de ilustrações

Página	Descrição	Fonte
46	Ilustração de Ivan — silhueta.	*A Maçã*, 1922/1923
47	Página ilustrada por Ivan.	*A Maçã*, 1922
47	Página ilustrada por Ivan.	*A Maçã*, 1922
48	Capa do número 5 de *A Maçã*, 11/3/1922. Ilustração de Lup (K.lixto).	*A Maçã*, 1922
49	Anúncio da Casa Estrella – artigos esportivos. Autoria desconhecida.	*A Maçã*, 1922
53	Anúncio da Notre Dame de Paris, Ao 1º Barateiro e A Brasileira lojas de roupas femininas. Autoria desconhecida.	*A Maçã*, 1922
53	Anúncio de Cidalgina. Ilustração de Paco.	*A Maçã*, 1922
69	Anúncio da Notre Dame de Paris com montagem fotográfica, de autoria desconhecida.	*A Maçã*, 1922
73	Anúncio veiculado em *A Maçã* de dezembro de 1922, enfatizando o sucesso de vendas e oferecendo dinheiro a quem encontrasse uma palavra obscena em suas páginas. Autoria desconhecida.	*A Maçã*, 1922
74	Capa do número 114 de *A Maçã*, 12/4/1924. Ilustração de Lup (K.lixto).	*A Maçã*, 1924
75	Capa do número 1 de *A Maçã*, 11/2/1922. Ilustração de autoria desconhecida.	*A Maçã*, 1922
76	Capa do número 2 de *A Maçã*, 18/2/1922. Ilustração de Angelus.	*A Maçã*, 1922
76	Capa do número 7 de *A Maçã*, 25/3/1922. Ilustração de Genelios.	*A Maçã*, 1922
77	Capa do número 12 de *A Maçã*, 29/4/1922. Ilustração de Gino.	*A Maçã*, 1922
77	Capa do número 15 de *A Maçã*, 20/5/1922. Ilustração de Lup (K.lixto).	*A Maçã*, 1922
78	Capa do número 17 de *A Maçã*, 3/6/1922. Ilustração de Justinus.	*A Maçã*, 1922
78	Capa do número 31 de *A Maçã*, 7/9/1922. Ilustração de Paco.	*A Maçã*, 1922
79	Capa do número 36 de *A Maçã*, 14/10/1922. Ilustração de Angelus.	*A Maçã*, 1922
79	Capa do número 24 de *A Maçã*, 22/7/1922. Ilustração de Otto Sachs.	*A Maçã*, 1922
80	Capa do número 21 de *A Maçã*, 1/7/1922. Ilustração de Otto Sachs.	*A Maçã*, 1922
80	Capa do número 23 de *A Maçã*, 29/7/1922. Ilustração de Paco.	*A Maçã*, 1922
80	Capa do número 40 de *A Maçã*, 11/11/1922. Ilustração de Paco.	*A Maçã*, 1922
81	Editorial do número 5 de *A Maçã*, 11/3/1922. Ilustração de Ivan.	*A Maçã*, 1922
81	Editorial do número 36 de *A Maçã*, 14/10/1922. Ilustração de Ivan.	*A Maçã*, 1922
81	Editorial do número 47 de *A Maçã*, 30/12/1922. Ilustração de Ivan.	*A Maçã*, 1922
82	Página *Alcova dos poetas* de *A Maçã*, 8/4/1922. Ilustração de Ivan em uma cor.	*A Maçã*, 1922
82	Página *Alcova dos poetas* de *A Maçã*, 3/6/1922. Ilustração de Ivan em duas cores.	*A Maçã*, 1922
83	Página *Figuras promissórias* de *A Maçã*, 23/9/1922. Caricatura de Medeiros e Albuquerque feita por Lup (K.lixto).	*A Maçã*, 1922
83	Página *Bis! Bis!* de *A Maçã*, 3/6/1922. Ilustração de Ivan.	*A Maçã*, 1922
83	Página *A confissão* de *A Maçã*, 25/2/1922. Ilustração de Ivan.	*A Maçã*, 1922
83	Página *Primores da nossa língua* de *A Maçã*, 18/2/1922. Ilustração de autoria desconhecida.	*A Maçã*, 1922

Página	Descrição	Fonte
84	Página Teatro Boccacio de *A Maçã*, 5/8/1922. Ilustração de Ivan.	*A Maçã*, 1922
85	Capa do número 48 de *A Maçã*, 6/1/1923. Ilustração de Paco.	*A Maçã*, 1923
85	Capa do número 99 de *A Maçã*, 29/12/1923. Ilustração de Andrés Guevara.	*A Maçã*, 1923
86	Capa do número 59 de *A Maçã*, 24/3/1923. Ilustração de Paco.	*A Maçã*, 1923
86	Capa do número 63 de *A Maçã*, 21/4/1923. Ilustração de Otto Sachs.	*A Maçã*, 1923
87	Capa do número 68 de *A Maçã*, 26/5/1923. Ilustração de Paco.	*A Maçã*, 1923
87	Capa do número 72 de *A Maçã*, 23/6/1923. Ilustração de Paco.	*A Maçã*, 1923
87	Capa do número 93 de *A Maçã*, 17/11/1923. Ilustração de Lup (K.lixto).	*A Maçã*, 1923
87	Capa do número 98 de *A Maçã*, 22/12/1923. Ilustração de Paco.	*A Maçã*, 1923
88	Editorial do número 55 de *A Maçã*, 24/2/1923. Ilustração de Ivan.	*A Maçã*, 1923
88	Editorial do número 74 de *A Maçã*, 7/7/1923. Ilustração de Ivan.	*A Maçã*, 1923
88	Editorial do número 93 de *A Maçã*, 17/11/1923. Ilustração de Ivan.	*A Maçã*, 1923
89	Página *Amor sem beijos* de *A Maçã*, 1/12/1923. Ilustração de autoria desconhecida.	*A Maçã*, 1923
89	Página dupla *Horas de tentação* de *A Maçã*, 1923. Ilustração de Lup (K.lixto).	*A Maçã*, 1923
89	Página *Catulle Mendés* de *A Maçã*, 29/12/1923. Ilustração de Ivan.	*A Maçã*, 1923
90	Página *Natal dos pobres* de *A Maçã*, 22/12/1923. Ilustração de autoria desconhecida.	*A Maçã*, 1923
90	Página *Política Gynecológica* de *A Maçã*, 4/8/1923. Ilustração de Otto Sachs.	*A Maçã*, 1923
90	Página *As três mulheres* de *A Maçã*, 1923. Ilustração de Ivan.	*A Maçã*, 1923
91	Capa do número 101 de *A Maçã*, 12/1/1924. Ilustração de autoria desconhecida.	*A Maçã*, 1924
91	Capa do número 105 de *A Maçã*, 9/2/1924. Ilustração de Paco.	*A Maçã*, 1924
91	Capa do número 108 de *A Maçã*, 1/3/1924. Ilustração de Mora.	*A Maçã*, 1924
92	Capa do número 115 de *A Maçã*, 19/4/1924. Ilustração de Itag.	*A Maçã*, 1924
92	Capa do número 107 de *A Maçã*, 23/2/1924. Ilustração de Paco.	*A Maçã*, 1924
92	Capa do número 118 de *A Maçã*, 10/5/1924. Ilustração de Itag.	*A Maçã*, 1924
93	Capa do número 122 de *A Maçã*, 7/6/1924. Ilustração de Itag.	*A Maçã*, 1924
93	Capa do número 125 de *A Maçã*, 28/6/1924. Ilustração de autoria desconhecida.	*A Maçã*, 1924
93	Capa do número 124 de *A Maçã*, 28/6/1924. Ilustração de autoria desconhecida.	*A Maçã*, 1924
94	Editorial do número 100 de *A Maçã*, 5/1/1924. Ilustração de Andrés Guevara.	*A Maçã*, 1924
94	Editorial do número 104 de *A Maçã*, 2/2/1924. Ilustração de Andrés Guevara.	*A Maçã*, 1924
94	Editorial do número 110 de *A Maçã*, 15/3/1924. Ilustração de Andrés Guevara.	*A Maçã*, 1924
95	Editorial do número 124 de *A Maçã*, 28/6/1924. Ilustração de Andrés Guevara.	*A Maçã*, 1924
95	Editorial do número 114 de *A Maçã*, 12/4/1924. Ilustração de Andrés Guevara.	*A Maçã*, 1924
95	Editorial do número 119 de *A Maçã*, 17/5/1924. Ilustração de Andrés Guevara.	*A Maçã*, 1924

Página	Descrição	Fonte
96	Página *Peccado* de *A Maçã*, 9/2/1924. Ilustração de Ivan.	*A Maçã*, 1924
96	Página *Pierrette* de *A Maçã*, 1/3/1924. Ilustração de Mora.	*A Maçã*, 1924
97	Página *Os melões* de *A Maçã*, 26/1/1924. Ilustração de Ivan.	*A Maçã*, 1924
97	Página dupla de *A Maçã*, 5/4/1924. Ilustração de K.lixto.	*A Maçã*, 1924
97	Página *Opiniões* de *A Maçã*, 26/4/1924. Ilustração de Ivan.	*A Maçã*, 1924
98	Capa do número 159 de *A Maçã*, 21/2/1925. Ilustração de Justinus.	*A Maçã*, 1925
98	Capa do número 162 de *A Maçã*, 14/3/1925. Ilustração de Gino.	*A Maçã*, 1925
98	Capa do número 173 de *A Maçã*, 30/5/1925. Ilustração de X.Pando.	*A Maçã*, 1925
99	Capa do número 177 de *A Maçã*, 27/6/1925. Ilustração de K.lixto.	*A Maçã*, 1925
99	Capa do número 181 de *A Maçã*, 25/7/1925. Ilustração de K.lixto.	*A Maçã*, 1925
100	Capa do número 190 de *A Maçã*, 26/9/1925. Ilustração de K.lixto.	*A Maçã*, 1925
100	Capa do número 174 de *A Maçã*, 6/6/1925. Ilustração de autoria desconhecida.	*A Maçã*, 1925
100	Capa do número 180 de *A Maçã*, 18/7/1925. Ilustração de autoria desconhecida.	*A Maçã*, 1925
100	Capa do número 202 de *A Maçã*, 19/12/1925. Ilustração de Andrés Guevara.	*A Maçã*, 1925
101	Editorial do número 187 de *A Maçã*, 5/9/1925. Ilustração de Andrés Guevara.	*A Maçã*, 1925
101	Editorial do número 188 de *A Maçã*, 12/9/1925. Ilustração de Andrés Guevara.	*A Maçã*, 1925
101	Editorial do número 191 de *A Maçã*, 3/10/1925. Ilustração de Andrés Guevara.	*A Maçã*, 1925
101	Editorial do número 201 de *A Maçã*, 12/12/1925. Ilustração de Andrés Guevara.	*A Maçã*, 1925
102	Página de *A Maçã*, 26/12/1925. Ilustração de K.lixto.	*A Maçã*, 1925
102	Página dupla de *A Maçã*, 1925. Ilustração de K.lixto.	*A Maçã*, 1925
102	Página *Poetas Anacreonticos* de *A Maçã*, 5/12/1925. Ilustração de autoria desconhecida.	*A Maçã*, 1925
103	Página *A gata* de *A Maçã*, 8/8/1925. Ilustração de autoria desconhecida.	*A Maçã*, 1925
103	Página *O mau presente* de *A Maçã*, 26/12/1925. Ilustração de Otto Sachs.	*A Maçã*, 1925
103	Página dupla de *A Maçã*, 26/12/1925. Ilustração de Ivan e de autoria desconhecida.	*A Maçã*, 1925
104	Capa do número 204 de *A Maçã*, 2/1/1926. Ilustração de K.lixto.	*A Maçã*, 1926
104	Capa do número 213 de *A Maçã*, 6/3/1926. Ilustração de autoria desconhecida.	*A Maçã*, 1926
104	Capa do número 222 de *A Maçã*, 8/5/1926. Ilustração de Lanza.	*A Maçã*, 1926
105	Capa do número 205 de *A Maçã*, 9/1/1926. Ilustração de K.lixto.	*A Maçã*, 1926
105	Capa do número 210 de *A Maçã*, 13/2/1926. Ilustração de Justinus.	*A Maçã*, 1926
105	Capa do número 211 de *A Maçã*, 20/2/1926. Ilustração de Valdez.	*A Maçã*, 1926
105	Editorial do número 209 de *A Maçã*, 6/2/1926. Ilustração de Andrés Guevara.	*A Maçã*, 1926
106	Detalhe do logotipo de *A Maçã*, com a cor escura impressa sobreposta sobre a mais clara (*overprint*). Ilustração de Andrés Guevara.	*A Maçã*, 1926
106	Editorial do número 234 de *A Maçã*, 31/7/1926. Ilustração de Andrés Guevara.	*A Maçã*, 1926

Página	Descrição	Fonte
106	Editorial do número 229 de *A Maçã*, 26/6/1926. Ilustração de Andrés Guevara.	*A Maçã*, 1926
107	Página de *A Maçã*, 10/7/1926, com acabamentos tipográficos. Ilustração de autoria desconhecida.	*A Maçã*, 1926
107	Página de *A Maçã*, 6/11/1926. Ilustração de autoria desconhecida.	*A Maçã*, 1926
108	Página de *A Maçã*, 16/4/1926. Ilustração de Ivan.	*A Maçã*, 1926
108	Página dupla de *A Maçã*. Ilustração de K.lixto.	*A Maçã*, 1926
109	Página de *A Maçã*, 13/2/1926. Ilustração de K.lixto.	*A Maçã*, 1926
109	Página de *A Maçã*, 13/2/1926. Ilustração de Lanza.	*A Maçã*, 1926
109	Página de *A Maçã*, 13/2/1926. Ilustração de K.lixto.	*A Maçã*, 1926
110	Página de *A Maçã*, 31/7/1926, composição com elementos tipográficos. Ilustração de autoria desconhecida.	*A Maçã*, 1926
110	Página de *A Maçã*, 8/4/1926. Ilustração de Ivan.	*A Maçã*, 1926
110	Página de *A Maçã*, 13/2/1926. Ilustração de autoria desconhecida.	*A Maçã*, 1926
111	Página de *A Maçã*, 21/4/1923. Ilustração de autoria desconhecida.	*A Maçã*, 1923
112	Capa do número 63 de *A Maçã*, 21/4/1923, ilustração de Otto Sachs.	*A Maçã*, 1923
123	*O batuta*. Ilustração de Ivan.	*A Maçã*, 1922
125	Três ilustrações de Angelus.	*A Maçã*, 1922
126	Ilustração de Angelus.	*A Maçã*, 1922
130	*A cobra e a maçã*. Ilustração de Ivan.	*A Maçã*, 1922
131	Ilustração de Gino.	*A Maçã*, 1922
132	Ilustração de Gino.	*A Maçã*, 1922
135	Ilustração de Angelus.	*A Maçã*, 1922
158	Ilustração de Ivan.	*A Maçã*, 1922
161	Ilustração de Ivan.	*A Maçã*, 1922
182	Ilustração de Ivan.	*A Maçã*, 1922
184	Ilustração de Gino.	*A Maçã*, 1922
Capa	Colagem com diversas capas da revista *A Maçã* com suas cores alteradas.	*A Maçã*, 1922-26
4ª Capa	*A Maçã*, 29/7/1922. Ilustração de K.lixto.	*A Maçã*, 1922

Referências

A REVISTA NO BRASIL. São Paulo: Abril, 2000.

ABREU, Regina. A capital contaminada: a construção da identidade nacional pela negação do "espírito carioca". In: LOPES, Antonio Herculano (org.). *Entre Europa e África: a invenção do carioca.* Rio de Janeiro: Edições Casa de Rui Barbosa/Topbooks, 2000.

ART DÉCO NA AMÉRICA LATINA. Centro de Arquitetura e Urbanismo. I Seminário Internacional. Rio de Janeiro: Secretaria Municipal de Urbanismo/Solar Grandjean de Montigny-PUC-Rio, 1997.

ACCIOLY, Anna et al. *Marcas de valor no mercado brasileiro.* Rio de Janeiro: Senac, 2000.

ARAÚJO, Emanuel. *A construção do livro.* 3. ed. Rio de Janeiro: Nova Fronteira/Brasília: INL, 1986.

ARAÚJO, Rosa Maria Barbosa de. Prefácio. In: LOPES, Antonio Herculano (org.). *Entre Europa e África: a invenção do carioca.* Rio de Janeiro: Edições Casa de Rui Barbosa/Topbooks, 2000.

BARDIN, Laurence. *Análise de conteúdo.* Lisboa: Edições 70, 1977.

BARTHES, Roland. *Mitologias.* Rio de Janeiro: Bertrand Brasil, 1999.

_____. *A aventura semiológica.* São Paulo: Martins Fontes, 2000.

BENCHIMOL, Jaime Larry. *Pereira Passos: um Haussmann tropical.* Rio de Janeiro: Biblioteca Carioca, 1990.

BENJAMIN, Walter. *A modernidade e os modernos.* Rio de Janeiro: Tempo Brasileiro, 1975.

_____. *Obras escolhidas*, vol. I: *Magia e técnica, arte e política.* São Paulo: Brasiliense, 1985.

_____. *Obras escolhidas*, vol. III: *Charles Baudelaire: um lírico no auge do capitalismo.* São Paulo: Brasiliense, 1997 [1989].

BIERUT, Michael et al. (orgs.). *Looking Closer: Critical Writings on Graphic Design.* New York: Allworth, 1994.

_____. *Looking Closer 2: Critical Writings on Graphic Design.* New York: Allworth, 1997.

BOMFIM, Gustavo Amarante. *Ideias e formas na história do design: uma investigação estética.* João Pessoa: Editora Universitária UFPB, 1998.

BRITO BROCA. *A vida literária no Brasil: 1900.* Rio de Janeiro: MEC/Imprensa Nacional, 1956.

BUARQUE DE HOLANDA FERREIRA, Aurélio. *Novo Aurélio século XXI: o dicionário da língua portuguesa.* Rio de Janeiro: Nova Fronteira, 1999.

CALVINO, Italo. *As cidades invisíveis.* São Paulo: Companhia das Letras, 1991 [1972].

CAMPOS, Humberto de. *Os párias.* Rio de Janeiro: W. M. Jackson Inc. Editores, 1941.

_____. *Memórias inacabadas.* 2. ed. Rio de Janeiro: W. M. Jackson Inc. Editores, 1945.

CAMPOS, Humberto de. *Últimas crônicas.* 2. ed. Rio de Janeiro: W. M. Jackson Inc. Editores, 1945.

_____. *Diário Secreto.*Vol.1. Rio de Janeiro:Edições O Cruzeiro, 1954a.

_____. *Diário Secreto.*Vol.2. Rio de Janeiro:Edições O Cruzeiro, 1954b.

CAMPOS FILHO, Humberto de. *Irmão X, meu pai.* São Paulo: Lúmen Editorial, 1997.

CIRKER, Hayward; CIRKER, Blanche. *The Golden Age of the Poster.* New York: Dover, 1971.

CORRÊA DO LAGO, Pedro. *Caricaturistas brasileiros 1836-1999.* Rio de Janeiro: Sextante, 1999.

COSTA, Angela Marques da; SCHWARCZ, Lilia Moritz. *1890-1914: no tempo das certezas.* São Paulo: Companhia das Letras, 2000. (Coleção Virando Séculos).

COSTA FERREIRA, Orlando da. *Imagem e letra: introdução à bibliologia brasileira: a imagem gravada.* São Paulo: Edusp, 1994.

COSTALLAT, Benjamim. *Mademoiselle cinéma.* Rio de Janeiro: Casa da Palavra, 2000 [1921].

COUTO, Rita Maria de Souza. *Movimento interdisciplinar de designers brasileiros em busca de educação avançada.* Tese (Doutorado em Educação) – Departamento de Educação, Pontifícia Universidade Católica do Rio de Janeiro (PUC-Rio), Rio de Janeiro, 1997.

_____; OLIVEIRA, Alfredo Jefferson. *Formas do design.* Rio de Janeiro: 2AB Editora/PUC-Rio, 1999.

CRAIG, James; BARTON, Bruce. *Thirty Centuries of Graphic Design: An Illustrated Survey.* New York: Watson-Guptill, 1987.

DEL BRENNA, Giovanna Rosso (org.). *O Rio de Janeiro de Pereira Passos.* Rio de Janeiro: Index, 1985.

DEL PRIORE, Mary. *Histórias do cotidiano.* São Paulo: Contexto, 2001.

DENIS, Rafael Cardoso. As origens históricas do designer: algumas considerações iniciais. *Estudos em Design,* vol. IV, n. 2, Rio de Janeiro, 1996, p. 59-72.

_____. A Academia Imperial de Belas Artes e o ensino técnico. In: Seminário 180 Anos de Escola de Belas Artes. *Anais...* Rio de Janeiro, UFRJ, 1997, p. 181-195.

_____. Design, cultura material e o fetichismo dos objetos. *Arcos,* vol. 1, Rio de Janeiro, 1998, p. 15-39.

_____. *Uma introdução à história do design.* São Paulo: Edgard Blücher, 2000.

DICIONÁRIO BIOGRÁFICO DOS GRANDES BRASILEIROS. São Paulo: Abril Cultural, 1978.

FABRIS, Annateresa. *Modernidade e modernismo no Brasil.* Campinas: Mercado de Letras, 1994.

FORTY, Adrian. *Objects of Desire: Design and Society since 1750.* London: Thames and Hudson, 1995 [1986].

GERSON BRASIL. *História das ruas do Rio.* 5. ed. remodelada e definitiva. Rio de Janeiro: Lacerda, 2000.

GOMES, Angela de Castro. *Essa gente do Rio... Os intelectuais cariocas e o modernismo*. Estudos Históricos 1993/11. Rio de Janeiro:CPDOC/FGV.1993.

GOMES, Renato Cordeiro. *Todas as cidades, a cidade: literatura e experiência urbana*. Rio de Janeiro: Rocco, 1994.

HALL, Stuart. Quem precisa da identidade? In: SILVA, Tomaz Tadeu da (org.). *Identidade e diferença: a perspectiva dos estudos culturais*. Petrópolis, RJ: Vozes, 2000.

HALLEWELL, Laurence. *O livro no Brasil: sua história*. São Paulo: Edusp, 1985.

HARVEY, David. *Condição pós-moderna*. 6. ed. São Paulo: Edições Loyola, 1996.

JAPIASSÚ, Hilton. *Interdisciplinaridade e patologia do saber*. Rio de Janeiro: Imago, 1976.

JOBLING, Paul; CROWLEY, David. *Graphic Design: Reproduction and Representation since 1800*. Manchester: Manchester University, 1996.

LE GOFF, Jacques. Documento/monumento. In: ROMANO, Ruggiero (org.). *Enciclopédia Einaudi*, vol. 1: *Memória-história*. Rio de Janeiro: Imprensa Nacional, 1984.

_____. *A história nova*. São Paulo: Martins Fontes, 1998 [1978].

LIMA, Edna Lucia Cunha. *Cinco décadas de litografia comercial no Recife: por uma história das marcas de cigarros registrados em Pernambuco* (1875-1924). Dissertação (Mestrado em Artes) — Departamento de Artes, Pontifícia Universidade Católica do Rio de Janeiro (PUC-Rio), Rio de Janeiro, 1998.

LIMA, Guilherme S. da Cunha. *O gráfico amador: as origens da moderna tipografia brasileira*. Rio de Janeiro: Editora da UFRJ, 1977.

LIMA, Herman. *História da caricatura no Brasil*. Rio de Janeiro: José Olympio, 1963. 4 vols.

LOPES, Antonio Herculano (org.). *Entre Europa e África: a invenção do carioca*. Rio de Janeiro: Edições Casa de Rui Barbosa/Topbooks, 2000.

LOREDANO, Cássio. *Guevara e Figueroa: caricatura no Brasil nos anos 20*. Rio de Janeiro: Instituto Nacional de Artes Gráficas, 1988.

LUNA, Sérgio Vasconcelos de. *Planejamento de pesquisa: uma introdução*. São Paulo: Educ, 1999.

LUPTON, Ellen; MILLER, Abbott. *Design Writing Research: Writing on Graphic Design*. London: Phaidon, 2000 [1996].

MARX, Roger. Masters of the Poster 1896-1900. London, Academy Publications, 1977. In: JOBLING, Paul; CROWLEY, David. *Graphic Design: Reproduction and Representation since 1800*. Manchester: Manchester University, 1996.

MALUF, Marina; MOTT, Maria Lúcia. Recônditos do mundo feminino. In: SEVCENKO, Nicolau (org.). *História da vida privada no Brasil*, vol. 3: *República: da belle époque à era do rádio*. São Paulo: Companhia das Letras, 1998.

MENEZES, Lená Medeiros de. *Os estrangeiros e o comércio do prazer nas ruas do Rio (1890-1930)*. Rio de Janeiro: Arquivo Nacional, 1992.

NEEDELL, Jefrey D. *Belle époque tropical: sociedade e cultura de elite no Rio de Janeiro na virada do século*. Trad. Celso Nogueira. São Paulo: Companhia das Letras, 1993.

OLIVEIRA, Lúcia Lippi (coord.). *A era Vargas*. Rio de Janeiro: CPDOC/FGV, 1996.

OS GRANDES ARTISTAS: *barroco e rococó*. São Paulo: Nova Cultural, 1991a.

_____; *romantismo e impressionismo*. São Paulo: Nova Cultural, 1991b.

PAIM, Gilberto. *A beleza sob suspeita: o ornamento em Ruskin, Lloyd Wright, Loos, Le Corbusier e outros*. Rio de Janeiro: Jorge Zahar, 2000.

PAULA, Ademar A. de; NETO, Mário Carramillo. *Artes gráficas no Brasil: registros 1746-1941*. São Paulo: Laserprint, 1989.

PEIXOTO, Nelson Brissac. *É a cidade que habita os homens ou são eles que moram* nela? *Revista da USP*, n. 15, São Paulo, 1992, p. 72-75.

PEVSNER, Nikolaus. *Os pioneiros do desenho moderno: de William Morris a Walter Gropius*. São Paulo: Martins Fontes, 1995 [1960].

PHILLIPS, Bernard S. *Pesquisa social*. Rio de Janeiro: Agir, 1974.

PICANÇO, Macário de Lemos. *Humberto de Campos*. Rio de Janeiro: Minerva, 1937.

PORTA, Frederico. *Dicionário de artes gráficas*. Rio de Janeiro: Editora Globo, 1957.

RESENDE, Beatriz. Melindrosa e almofadinha, cock-tail e arranha-céu: a literatura e os vertiginosos anos 20. In: LOPES, Antonio Herculano (org.). *Entre Europa e África: a invenção do carioca*. Rio de Janeiro: Edições Casa de Rui Barbosa/Topbooks, 2000.

RICHTER, Hans. *Dadá: arte e antiarte*. São Paulo: Martins Fontes, 1993 [1964].

RIO, João do. *A alma encantadora das ruas*. Rio de Janeiro: Simões, 1951.

SCHAFF, Adam. *História e verdade*. 4. ed. São Paulo: Martins Fontes, 1987 [1971].

SCHUMAHER, Schuma; VITAL BRAZIL, Érico. *Dicionário mulheres do Brasil*. Rio de Janeiro: Jorge Zahar, 2000.

SENNETT, Richard. *The Conscience of the Eye: The Design and Social Life of Cities*. New York: Alfred A. Knopf, 1990.

_____. *Carne e pedra: o corpo e a cidade na civilização ocidental*. Rio de Janeiro: Record, 1994.

_____. *O declínio do homem público: as tiranias da intimidade*. São Paulo: Companhia das Letras, 1998.

SEVCENKO, Nicolau (org.). *História da vida privada no Brasil*, vol. 3: *República: da belle époque à era do rádio*. São Paulo: Companhia das Letras, 1998.

SHARPE, William; WALLOCK, Leonard (orgs.). *Visions of the Modern City: Essays in History, Art and Literature*. Baltimore/London: The Johns Hopkins University, 1987.

SILVA, Tomaz Tadeu da (org.). *Identidade e diferença: a perspectiva dos estudos culturais*. Petrópolis, RJ: Vozes, 2000.

SODRÉ, Nelson Werneck. *História da imprensa no Brasil*. 4. ed. atualizada. Rio de Janeiro: Mauad, 1999.

SÜSSEKIND, Flora. *Cinematógrafo de letras: literatura, técnica e modernização no Brasil*. São Paulo: Companhia das Letras, 1987.

TWYMAN, Michael. The Graphic Presentation of Language. *Information Design Journal*, vol. 3, n. 1, 1982, p. 2-22.

_____. *Using pictorial language: a discussion of the dimensions of the problem*. In: DUFTY T. & WALLER R., Designing Usable Tets. New York: Academic Press, ch. 2, 245-312.

VELLOSO, Monica Pimenta. *Modernismo no Rio de Janeiro: turunas e quixotes*. Rio de Janeiro: Editora FGV, 1996.

_____. Os cafés como espaço da moderna sociabilidade. In: LOPES, Antonio Herculano (Org.). *Entre Europa e África: a invenção do carioca*. Rio de Janeiro: Edições Casa de Rui Barbosa/Topbooks, 2000a.

_____. *Que cara tem o Brasil?: culturas e identidade nacional*. Rio de Janeiro: Ediouro, 2000b.

VILLAS-BOAS, André. *O que é (e o que nunca foi) design gráfico*. Rio de Janeiro: 2AB Editora, Série Design, 1998a.

_____. *Utopia e disciplina*. Rio de Janeiro: 2AB Editora, 1998b. (Série Design).

WOODWARD, Kathryn. Identidade e diferença: uma introdução técnica e conceitual. In: SILVA, Tomaz Tadeu da (Org.). *Identidade e diferença*: a perspectiva dos estudos culturais. Petrópolis, RJ: Vozes, 2000.

WORNUM, Ralph. Analysis of Ornament. Londres: Chapman and Hall, 1896. In: PAIM, Gilberto. *A beleza sob suspeita: o ornamento em Ruskin, Lloyd Wright, Loos, Le Corbusier e outros*. Rio de Janeiro: Jorge Zahar, 2000.

Periódicos consultados
A Maçã (fevereiro a dezembro de 1922; janeiro a dezembro 1923; janeiro a julho de 1924; janeiro a dezembro de 1925; janeiro a setembro de 1926; janeiro a dezembro de 1927; janeiro a dezembro de 1928; janeiro a março de 1929).
Fon-Fon! (números esporádicos entre 1922 e 1925).
O Malho (números esporádicos entre 1922 e 1925).
Careta (números esporádicos entre 1922 e 1925).
Kósmos (1906 e 1907).
Festa (1928).

Capas pesquisadas de *A Maçã*

Nestas páginas estão reproduzidas todas as capas das revistas pesquisadas.

1922

Autoria desconhecida

nº 1 | 11/2/1922

Angelus

nº 2 | 18/2/1922

Lup (K.lixto)

nº 3 | 25/2/1922

Lup (K.lixto)

nº 15 | 20/5/1922

Justinus

nº 17 | 3/6/1922

Paco

nº 26 | 5/8/1922

Paco

nº 31 | 7/9/1922

Angelus

nº 36 | 11/10/1922

nº 5 | 11/3/1922

nº 7 | 25/3/1922

nº 12 | 29/4/1922

nº 21 | 1/7/1922

nº 23 | 29/7/1922

nº 24 | 22/7/1922

nº 40 | 11/11/1922

nº 46 | 23/12/1922

nº 47 | 30/12/1922

1923

Paco

nº 48 | 6/1/1923

Paco

nº 59 | 24/3/1923

Otto Sachs

nº 63 | 21/4/1923

Otto Sachs

nº 74 | 7/7/1923

Paco

nº 90 | 17/10/1923

Lup (K.lixto)

nº 93 | 17/11/1923

Paco

nº 67 | 19/5/1923

Paco

nº 68 | 26/5/1923

Paco

nº 72 | 23/6/1923

Paco

nº 96 | 8/12/1923

Paco

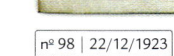

nº 98 | 22/12/1923

Andrés Guevara

nº 99 | 29/12/1923

1924

autoria desconhecida

nº 101 | 12/1/1924

Romano

nº 104 | 2/2/1924

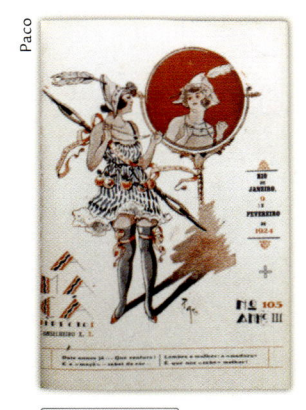

Paco

nº 105 | 9/2/1924

Paco

nº 107 | 23/2/1924

Itag

nº 115 | 19/4/1924

K.lixto

nº 117 | 3/5/1924

Itag

nº 118 | 10/5/1924

Itag

nº 122 | 7/6/1924

Mora

nº 108 | 1/3/1924

Paco

nº 111 | 22/3/1924

Otto Sachs

nº 113 | 5/4/1924

Autoria desconhecida

nº 123 | 14/6/1924

Autoria desconhecida

nº 124 | 21/6/1924

Autoria desconhecida

nº 125 | 28/6/1924

1925

Justinus

Gino

XPando

nº 159 | 21/2/1925

nº 162 | 14/3/1925

nº 173 | 30/5/1925

K.lixto

Nanni

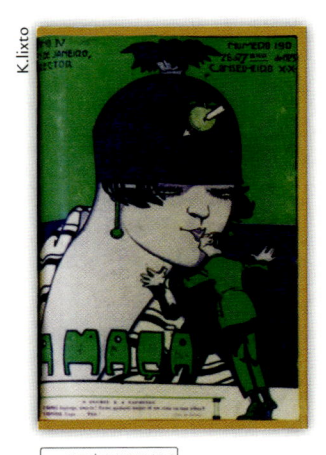

K.lixto

nº 181 | 25/7/1925

nº 189 | 19/9/1925

nº 190 | 26/9/1925

Autoria desconhecida

K.lixto

Autoria desconhecida

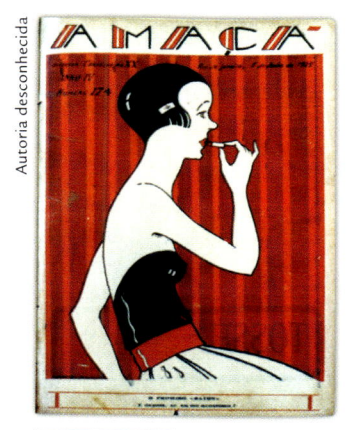

nº 174 | 6/6/1925

nº 177 | 27/6/1925

nº 180 | 18/7/1925

XPando

K.lixto

Andrés Guevara

nº 196 | 7/11/1925

nº 200 | 5/12/1925

nº 202 | 19/12/1925

1926

K.lixto

nº 204 | 2/1/1926

K.lixto

nº 205 | 9/1/1926

Autoria desconhecida

nº 208 | 30/1/1926

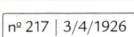

K.lixto

nº 217 | 3/4/1926

Lanza

nº 222 | 8/5/1926

Autoria desconhecida

nº 227 | 12/6/1926

Alvarus

nº 228 | 19/6/1926

Lanza

nº 232 | 19/7/1926

Justinus

nº 210 | 13/2/1926

Valdez

nº 211 | 20/2/1926

Autoria desconhecida

nº 213 | 6/3/1926

Hemir

nº 223 | 15/5/1926

Lanza

nº 225 | 29/5/1926

Lanza

nº 233 | 24/7/1926

Autoria desconhecida

nº 240 | 11/9/1926

Autoria desconhecida

nº 245 | 16/10/1926

AGRADECIMENTOS

Sou muito grata:

A Karine Fajardo, Cláudia Amorim, Jacqueline Gutierrez e a toda a equipe da Editora Senac Rio de Janeiro pela publicação tão caprichada do meu trabalho de pesquisa.

À Priscila Serejo, pela pesquisa iconográfica.

Ao meu orientador acadêmico Rafael Cardoso, por ter me apresentado a revista *A Maçã* e ter permitido meu mergulho obsessivo no universo de Humberto de Campos e do Conselheiro X. X.

Aos professores Rita Maria de Souza Couto, Luiz Antônio L. Coelho, Gustavo Amarante Bomfim (*in memoriam*), Miguel Figueira de Faria, Maria Apparecida Mamede-Neves, Edna Cunha Lima e Guilherme Cunha Lima.

Ao bibliotecário Luiz Antônio de Souza, da Academia Brasileira de Letras.

À Rachel Valença e a todos os funcionários da biblioteca da Fundação Casa de Rui Barbosa.

Ao Centro de Pesquisa e Documentação de História Contemporânea do Brasil (CPDOC) da Fundação Getulio Vargas.

À Biblioteca Nacional.

Às minhas amigas que não me deixaram desistir, Flavia Nizia da Fonseca Ribeiro e Poliane Latta, e aos meus irmãos que sempre estiveram próximos, mesmo distantes, Rosana Beatriz, Suzana Maura, Affonso Plínio (*in memoriam*) e Vinícius. Amo vocês!

A André Beltrão, meu companheiro de tantos anos, e a Tito e Miguel, meus filhotes amados.

Ivan

Sobre a autora

Aline Haluch é designer formada pela Universidade Federal do Paraná, mestre em Design pela Pontifícia Universidade Católica do Rio de Janeiro (PUC-Rio) e sócia do Studio Creamcrackers Design. Nasceu em Curitiba, em 1969, e mora no Rio de Janeiro desde 1996.

Ainda na universidade coordenou o primeiro Encontro Nacional dos Estudantes de Design em 1991, o Ndesign, com os amigos Naotake Fukushima, Miriam Zanini e Ken Fonseca.

Há mais de 17 anos está à frente da coordenação dos projetos de design editorial do Studio, onde são desenvolvidas publicações completas, capas de livros, ilustrações, projetos gráficos e diagramações.

Lecionou no curso de graduação em Design Gráfico da Faculdade Senac (RJ) por dois anos, onde ganhou experiência acadêmica, amigos e alunos queridos.

Em busca de aprimoração artística, participou do workshop Diário Gráfico do ilustrador Renato Alarcão e, a partir daí, voltou a desenhar, iniciando um caminho paralelo ao do design, o da ilustração para livros infantojuvenis e adultos. Ilustrou *A lenda do Alecrim*, *Fra, Fre, Fri, Fro, Fruta!*, *Para minha professora, com gratidão!* e *Mensagem para o Rei*, publicados pela Escrita Fina Edições; *Essas mulheres são umas gatas* e a *Coleção 51 tons de sexo — Sentidos, Luxúria e Volúpia*, pela Tinta Negra Bazar Editorial; e *O Bolo*, pela Flores Ilimitadas.

A autora ministra o workshop Design Editorial no Polo Criativo, na Redhook School, em Curitiba, e em outras instituições. Em 2013, publicou o *Guia prático de design editorial: criando livros completos*, pela 2Ab Editora, resultado da experiência acumulada dos anos de trabalho e dos cursos realizados.

Em dezembro de 2014, lançou pela Editora Tinta Negra a *Coleção Humberto de Campos — Renascendo 80 anos depois*, uma seleção de textos em quatro volumes: Poesia completa; Contos e crônicas; Contos satíricos; e Diário secreto. A obra comemorava os oitenta anos da morte de Humberto.

Escreveu o ensaio "*A Maçã*: renovação editorial na década de 1920" do livro *O design brasileiro antes do design*, organizado por Rafael Cardoso e editado pela Cosac Naify.

A Editora Senac Rio de Janeiro publica livros nas áreas de Beleza e Estética, Ciências Humanas, Comunicação e Artes, Desenvolvimento Social, Design e Arquitetura, Educação, Gastronomia e Enologia, Gestão e Negócios, Informática, Meio Ambiente, Moda, Saúde e Turismo e Hotelaria.

Visite o site **www.rj.senac.br/editora**, escolha os títulos de sua preferência e boa leitura.

Fique atento aos nossos próximos lançamentos!

À venda nas melhores livrarias do país.

Editora Senac Rio de Janeiro
Tel.: (21)2545-4927
comercial.editora@rj.senac.br

Disque-Senac: (21) 4002-2002

Este livro foi composto nas tipografias Filosofia e ITC Legacy Sans, por Aline Haluch | Studio Creamcrackers Design, e impresso pela Imos Gráfica e Editora Ltda., em papel *couché matte* 150g, para a Editora Senac Rio de Janeiro, em março de 2016.